ちくま新書

昭和史講義

——最新研究で見る戦争へ

筒井清忠 編
Tsutsui Kiyotada

1136

昭和史講義——最新研究で見る戦争への道【目次】

＊各講末の「さらに詳しく知るための参考文献」に掲載されている文献については、本文中では（著者名　発表年）という形で略記した。

まえがき

筒井清忠

昭和史をよく知っておきたいという知的欲求はこのところ極めて強いものがある。中国・韓国・アメリカなどとの関係の中で「歴史認識」をめぐる問題が外交の焦点となってきた昨今、「何が本当なのか、知りたい」という形で昭和史への欲求が強くなるのはある意味当然のことだとも言えよう。

読者の側にこうした事情がある中、書き手の側の事情はどうなのだろうか。筆者は、最近、中堅・若手の第一線の昭和史研究者に集まってもらい研究会を何回か開催したのだが、驚かされたのは、研究の専門化・細分化が甚だしく研究者間の共通の認識が乏しくなっていることであった。

読者は驚くかもしれないが、昭和史研究者と言っても、昭和の初期の内政を研究している人と、終戦のころの外交を研究している人との間では、最新の研究状況についてほとんど話が通じなくなっているのである。言い換えるとそれは、多くの研究者に昭和という時代の全体像が見えにくくなってしまっているということだとも言えよう。

どんな学問でも、遠くから見ると近いように見えてもジャンルが異なると最先端同士には理解が難しい面があるのだが、昭和史のような短い時代の研究者同士でこれでは困った状況だと言わねばならない。この点、私たち年配の者が媒介の役割を果たさねばいけないことを痛感したのだが、問題はこのことが前記のような状態に置かれた一般の読者に与えている影響である。

前述のように強い欲求があるのだが、個別事象についての専門的研究の最先端の成果など、一般の人にはアクセス自体が面倒で簡単には知りようもない。一方、専門の研究者は、専門研究に特化し研究者同士が少し時期が違うとお互いの成果を知らないというのが実情だ。ここに、一般の読者の需要に応えようとする書き手が現れ、簡単でわかりやすい昭和史についての本が多く現れる背景があると言えよう。

すなわち、二〇〇〇年代に入る前後から歴史認識をめぐる問題がかまびすしくなり、昭和史に対する関心が非常に高まるのに相前後して不正確な一般向けの昭和史本が横行し始めたのである。

それらでは新しい研究の成果など全く追っていないので、過去の間違いがそのまま踏襲されていたり、俗説や伝承の類がチェックもなく横行したりしている。自分らに都合のいい心地よい昭和史を実証的根拠もなくそれらはもっともらしく語っているのである。それは専門の研究者から見ると民俗学の対象のように見える世界である。

筆者の専門とする分野について一例を挙げておくと、最近ようやく刊行され話題になった『昭和天皇実録』についての書物がいくつか出たが、二・二六事件に登場する石原莞爾という戒厳司令部のキーパーソン的参謀について、今では専門研究者の間ではすっかり否定された「石原は早くから叛乱軍鎮圧に乗り出した」という何十年も前の説が長々と書かれているものに驚かされたものである。

石原は終始叛乱軍に同情的であり、叛乱軍寄りの解決策を何度も進言したので、叛乱軍の青年将校が最後まで期待し信頼したのは石原だったというのが現在の研究成果なのである。もともと参謀本部の作戦課長であり戒厳司令部の参謀という要職にあった石原のこの態度は、事件の解決にとって極めて重要で、事件解決を遅らせる一原因であった可能性すらあるのだ。こういう事件解釈の根幹に関わる間違いが横行していては昭和史の理解は歪むばかりであろう。

ここでは、たまたま筆者が専門の二・二六事件のことだけを採り上げたが、本書に執筆していただいた信頼できる研究者たちによるとそうしたものは無数に刊行されており、一々批判していたら時間がいくらあっても足りない有様だという。

だから、専門の研究者は、自分の研究に忙しいので、それを是正するようなことに時間を割きたくないということでこうした状況を無視しているのが現状だ。

しかし、お手軽な昭和史本の氾濫は極めて危険ではないだろうか。研究が深まるほど、昭和史は幾重にも逆説の重なった複雑なプロセスだということが明らかになっている。そういう中で、歴史を単純化するお手軽昭和史本はこういう認識を妨げる方向にしか機能しない。それは、読者を賢明に育てるのでなく、ある方向に動員されやすい人間を作るだけだろう。誤った認識は誤った行動を、歴史の単純化は単純な人々だけによって動かされる「単純な歴史」を生み出すであろう。

こうした状況を打破するにあたり、私どもにまずできることは確実な史料に基づいた正確な昭和史を読者に届けることではないかと思われる。それが乏しいことが不正確なものが横行する大きな原因なのであるから。

前述のような研究状況の中、一人で昭和史を書くことは極めて難しくなっているが、それぞれの専門研究者の成果をまとめればそれは可能だ。こうしてできあがったのが本書である。

最新の正確な研究の状況と成果をできるだけ取り込むように、そしてそれをできるだけわかりやすく叙述するように各執筆者にはお願いしたが、それは見事にできあがったようだ。新しい研究成果を読者に伝えるという喜びから勇んで執筆されたものばかりであり、新成果は読者を充分満足させるものと思われる。

読者の最も関心を引く内容の一つと思われることに、太平洋戦争開戦直前の日米交渉がある。日本側の出した妥協案に対して、アメリカが中国・仏印からの撤兵などを求めた極めて強硬なハル・ノートを出したことが日本を開戦に導いたのはよく知られているが、これが出された原因についての現在の最新研究成果が本書からは知られるであろう。

ハル米国務長官は、最初日本軍が南部仏印から撤兵すれば資産凍結を解除して一定の物資を供給する内容の暫定協定案を考えており、これが日本側に渡されていたら開戦が回避された可能性が高いのだが、これが出されず強硬なハル・ノートが出された主原因として、中国やイギリスの反対が従来挙げられてきた。

しかし、中国の反対についてはアメリカはさほど重視しておらず、イギリスは明確に反対したわけではなく後で案が廃棄されたと知り驚いていることなどから、主要な原因とは考えにくい。そして、いずれにせよ、すでにアメリカが交渉による戦争回避をあきらめ、日本に戦争をしかけられる選択肢をとったことは確かだというのが現在の研究水準から言えることなのである。

日本軍の真珠湾奇襲攻撃をアメリカはあらかじめ知っていたという陰謀説も昔から再三

唱えられており、結構信じている人も多いのだが、この当否をめぐる現在の研究水準については本文を読まれたい。

こうした新しい成果の叙述に加え、各講ごとに重要な参考文献を挙げ一冊一冊について解説をつけてあるので、さらに勉強したい人には適切なガイドブックとなるものと思われる。

一般の読者にも大学等で昭和史を学ぶ学生にも広く読んでもらい、前述のようなギャップが埋められ、本書を通して、より正確な昭和史が広く国民の共有財産となることを祈りたい。それは複眼的思考のできるバランス感覚豊かな国民による次の時代の日本の歴史を作ることにつながるであろう。

第1講 ワシントン条約体制と幣原外交

渡邉公太

†「新外交」の理念と「ワシントン体制」

第一次世界大戦の衝撃でヨーロッパの伝統的国際体系である勢力均衡が崩壊したことで、新たな国際秩序の理念として登場したのがいわゆる「新外交」であった。米国のウッドロウ・ウィルソン大統領を旗手とするこの新外交は、それまでの伝統的外交手法であった秘密外交、二国間軍事同盟・協商網、植民地獲得競争といった、「旧外交」を否定した。ウィルソンはこれら旧外交こそが戦争の元凶であると信じ、自身が一九一八(大正七)年一月に提起した「一四カ条原則」こそ真に国際平和をもたらすと世界に訴えたのである。

ウィルソンの理想主義的国際主義は、日米関係に限ればマイナスに作用した。パリ講和会議の場では、ウィルソンはシベリア出兵問題などで日本への批判を行い、山東半島問題をめぐる日米交渉は対立的様相を帯びた。また一九二〇年の対中新四国借款団の設立で、ウィルソンが排他的と考えた日本の中国政策を牽制しようとした。さらに軍事的にも日米海軍軍拡競争は激しさを増し、一九二〇～二一年頃には一部で「日米開戦論（War Scare）」が唱えられるなど、両国の相互不信が高まっていた。

そうした状況下、ウォレン・ハーディング共和党政権期の一九二一～二二年に開催されたワシントン会議は、太平洋を挟んだ日米対立を緩和する役割を果たした。このワシントン会議から一九三一年の満州事変までの東アジア国際関係を一般的に「ワシントン体制」と称するが、それは日英米三国を中心とする多国間協調システムの設定を試みたもので、新外交の理念に基づく新たな国際秩序の実現と解釈されてきた（細谷千博『両大戦間の日本外交』岩波書店、一九八八）。

しかしワシントン会議で成立した諸条約を基に、新たな「体制《システム》」が構築されたという議論には疑問が残る。ワシントン会議の主な議題は、列国間対立の火種となっていた中国問題、太平洋問題、海軍軍縮問題であったが、それらをめぐって各国は十分な時間をかけてコンセンサスを形成したわけではなかったからである。ニッシュが指摘するように、他の多くの会議と同様、ワシントン会議においても妥協や大勢順応が数多く見られ、参加国が「体制」と呼べるようなものをつくろうとする計画は存在しえなかった（イアン・ニッシュ『日本の外交政策　1869－1942』ミネルヴァ書房、一九九四）。後述する九カ国条約においても、ウィルソン主義的理想主義が介入する余地はほとんどなく、列国間のパワー・バランスを基礎とした旧外交の継続という面が色濃く残っていたのである。

比較的近年の研究でも、「ワシントン体制」という概念でこの時期の国際関係を論じることに疑問が呈されていることを鑑みれば、今後の国際関係史研究において、「ワシントン体制」を用いることの是非を再考すべき時期に来ているように思われる（小池聖一『満州事変と対中国政策』吉川弘文館、二〇〇三）。「ワシントン体制」概念を克服する新たな分析枠組みを提示することは、今後の重要な研究課題であろう（「ワシントン体制」の定義については以下の各章の執筆者によって異なっており、本書では必ずしも統一していないことをお断りしておきたい）。

†幣原外相の登場

日本においてワシントン諸条約の枠組みを尊重し、英米協調を基調とした戦間期東アジア国際秩序の構築に最も貢献したのが、二度の外務大臣を務めた幣原喜重郎《しではらきじゅうろう》である（一九二四～二七年、一九二九～三一年）。

幣原は一八七二（明治五）年に大阪の門真村（現・門真市）にて豪農新治郎の次男として生まれた。帝国大学法科大学卒業後、一八九六年の第四回外交官及領事館試験に合格、外務省に入った。入省後は仁川領事館をはじめとし、ロンドンなどの領事、電信課長、米国大使館参事官、オランダ公使などを歴任した。この間、条約改正問題や米国の移民問題といった実務を担当した。一九一五（大正四）年からは石井菊次郎、寺内正毅《まさたけ》、本野一郎、後藤新平、内田康哉の五代の外相の下で外務次官を約四年間務めた。一九一九年からは駐米大使となり、ワシントン会議では全権委員を務め、特に中国の領土保全・門戸開放を定めた九カ国条約成立の立役者の一人でもあった。幣原は中国在勤の経験こそなかったものの、ワシントン会議でいわゆるヤング・チャイナの面々と折衝を重ねたことで、中国で近代国家確立へ向けた新たな時代が到来しつつあることを感得していた。ゆえに外相に就任してからも、国際条約・協定に基づく安定した関係を構築しようとしたのである。

一九二四年六月、幣原は憲政会総裁の加藤高明を首班とする護憲三派内閣の外相に就任した。外交官試験合格者で初の外相であった。加藤と幣原の妻はともに三菱創始者の岩崎弥太郎の娘であったため、二人は義兄弟の関係にあった。だが加藤が幣原を外相に据えたのは、こうした姻戚関係以上に、野党時代から描いていた自身の外交構想を体現するという狙いがあった。それはすなわち、加藤が幣原を通じて、いわゆる「霞ケ関正統外交」と呼ばれる英米協調に基づいた外交政策の遂行を目指していたことを意味する。また自身もエリート官僚であった加藤にとって、職業外交官として輝かしいキャリアを積んできた幣原はうってつけの人物であった。さらに幣原は、政党との関係が希薄であったため、政治的にも中立と見られ、周囲からの反対を受けにくい存在でもあった。特に元老の西園寺公望《さいおんじきんもち》から幣原外交へ高い評価が与えられたことは、憲政会および後の民政党が政権政党として、戦間期二大政党制の一翼を担うことを可能にした。こうして幣原は憲政会（民政党）との安定した関係を築くことで、自身の外交政策を推進する環境を整えていった。

†中国ナショナリズムからの挑戦

幣原は外相就任直後、その中国政策について、内政不干渉の堅持と、機会均等に基づく日中経済関係の深化を実現し、ワシントン会議の精神に則った国際秩序を形成することを公言した。幣原外交にとって最大の問題となったのは、中国の激しい内乱であった。その最初の事件となるのが、奉天軍閥の張作霖《ちょうさくりん》が呉佩孚《ごはいふ》率いる直隷派《ちょくれいは》に仕掛けた一九二四（大正一三）年九月の第二次奉直戦争であった。

両者の対立が鮮明化すると、幣原は出淵勝次亜細亜局長の名でいち早く不干渉の態度をとる旨を明言した。戦闘が開始されると、日本国内で張作霖を支援するための陸軍出兵が盛んに唱えられ、閣内でも加藤首相や高橋是清農商務相らは世論への配慮から奉天軍を支援するべく幣原に再考を求めた。しかし幣原は、日本が張軍を支援することは内政干渉にあたり、また特定の勢力に加担すれば中国の排日ナショナリズムが高まるとの理由から、出兵論を退けた。

戦局は当初、奉天派のやや劣勢で進んでいたが、一〇月に直隷派の武将馮玉祥《ふうぎょくしょう》が反乱を起こしたことで、呉佩孚の軍勢は総崩れとなった（この反乱の背後には、陸軍出先機関の謀略があったことが知られている）。結果的に幣原が周囲の反対を押し切って不干渉に徹したことで、日本は国際的非難を浴びることなく、その大陸権益も脅かされずに済んだ。

このときの幣原の対応は、高橋ら周囲から称賛され、その外交手腕への評判を高めた。幣原の内政不干渉主義は、動乱の続く中国において日本の権益を保護するのみならず、列国との協調という観点からも極めて有効に機能したのである。

一方、日本がかねてから特殊権益（special interest）を有するとされてきた満州の地においては、幣原は間接的な形で干渉することもあった。もっとも、それは従来のような軍事力を背景とした武断的手段によってではなく、同地に君臨する張作霖との交渉による平和的手段によって行われた。

一九二五年一一月に奉天派の武将郭松齢《かくしょうれい》が突如、張作霖へ反乱を起こした際も、幣原はやはり出兵反対・内政不干渉の態度をとった。郭軍の進撃で張作霖が危機に陥ると、宇垣《うがき》一成《かずしげ》陸相の提案に基づき、日本は在満州居留民保護などを名目として、本土や朝鮮から軍を派遣し、関東軍の防衛力を強化した。このときの日本軍の対応は間接的に郭軍の進撃を止める形となり、事件は張軍の勝利に終わった。張作霖の政治的地位は守られたが、相次ぐ動乱の影響で奉天票（満州通貨の一つ）は没落し、満州の経済状況が悪化、政情も不安定になった。

この事態に幣原は、張作霖に東三省の財政整理を促し、政情安定化を推進するという決定を行った。この幣原の決定は張作霖支援によって日本の満州権益を保護するという従来の政策を踏襲したのみでなく、同地の安定化のために積極的に日本が張を指導するという新しい面を含んでいた。この後に国民政府が行う北伐で幣原の狙いは実現しなかったものの、幣原が長期的視野に立ち、単なる経済的利害を超えた満州安定化を模索していたことが読み取れる（西田二〇〇五）。

幣原の不干渉主義は、この時期本格化しつつあった中国本土のナショナリズム運動により新たな局面を迎える。つまり他の列国（特に英国）が多大な権益を有する華中や華南での排外運動に共同で取り組む上で、幣原の内政不干渉主義は障害となっていく。

そのきっかけとなるのが、一九二五年二月上旬からの在華紡《ざいかぼう》（上海や青島にて日本資本で設立された紡績工場）にて発生したストライキであった。この後、日英帝国主義打倒・租界回収を叫ぶ大規模なデモに発展し、五月三〇日にはデモ参加者が一万名規模にまで膨れ上がった。このとき英国管理下の租界警察がデモ隊に発砲したため、両者の衝突が激しさを増し、多数の死傷者を出した。この五・三〇事件は中国の反帝国主義気運を一層高め、全国規模の排外運動へと拡大するのだが、特に英国がその対象として批判の的となった。

実はこうした排外運動の背後には、一九二四年の第一次国共合作以来活発となっていた共産党の煽動があった。英国政府は背後に共産党の活動があることを認め、中国労働者を中心とした排外（英）運動が広州にまで拡大したことに恐れを感じた。ところが英国は、もはやその国力からして第一次大戦前のような多大な影響力を東アジアで発揮することは困難であった。そこで中国における権益を保護する新たな手段として、東アジアで大きな力を有するかつての同盟国・日本との連携を強化し、共産思想や排外運動への対抗を図ったのである。

在上海の経済団体らを中心に、日本にとっても中国で相次ぐデモやボイコットは深刻な脅威であり、英国との共同行動は好ましい選択だった。しかし、本国の幣原は日英共同で具体的行動を起こすことには消極的であった。幣原にとって、中国の排外運動を列国が協力して軍事力で抑えることは内政干渉にあたり、九カ国条約に違反するためであった。

英国はこの幣原の不干渉主義に不満を高めた。そして中国の排外運動が高まるにつれて、次第に列国間協調や内政不干渉といった九カ国条約の枠組みから脱し、独自の行動をとるようになる。それゆえ、幣原の推し進める対中政策とはますます乖離し、九カ国条約の中心的構成国である日英間に齟齬が生じるようになっていく。従来の幣原外交の「英米協調主義」という通説的評価に対し、こと対英関係に限ればこの評価が必ずしも適当でないことは(後藤二〇〇六)、九カ国条約の限界を示したともいえよう。

†北京関税特別会議

中国ナショナリズムの高まりは、列国との間に結ばれていた不平等条約改正への動きを加速させた。そして一九二五年一〇月より始まった北京関税特別会議は、ナショナリズムを高める中国と、列国間の認識の相違を反映する場となった。会議自体は目立った成果を挙げることができなかったにもかかわらず、日英米の対中認識の差異を表面化させたという点で、この会議の意味は少なくない。

会議開催の目的は、一九二二年のワシントン会議で成立した「中国の関税に関する九カ国条約」で定められた、釐金《りきん》(中国内の通行税の一種)の撤廃を条件とした関税率の引き上げと付加税実施の時期と方法を検討することであった。段祺瑞《だんきずい》率いる北京中央政府は、内乱に伴う財政逼迫や外債整理の必要から、関税率の増加を求めていた。一方、列国にとって中国の関税問題は、列国の支援の下で分断状態にある中国を統一し、対中貿易を発展させるという狙いがあった。

会議にあたって幣原は、日置益《ひおきえき》駐華公使を全権とし、自身の側近である佐分利《さぶり》貞男通商局長を首席随員事務総長に任命した。幣原らは中国の関税自主権回復に肯定的であったが、その暫定措置となる付加税の実施方法に独自の方針を有していた。その特徴は、中国の関税自主権回復の要求を原則的に承認するが、その実施には段階を踏むこと、そして関税率引き上げには平均一二・五パーセントの差等税率導入などを求めることにあった。佐分利は事前交渉で中国全権の一人である黄郛《こうふ》と調整を行い、この日本方針への内諾を得た。

会議が始まると、日置は冒頭で中国の関税自主権回復を原則的に承認する旨の演説を行い、他の列国を驚かせた。ただ会議の大勢は関税自主権承認に向かっていたため、一一月一九日の会議では、一九二九年一月一日より中国の関税自主権回復を原則的に承認する決議が採択された。

この後、会議は関税自主権回復までの暫定措置へと議題が移行するが、ここで問題となったのが協定税率と増税分の使途であり、会議は紛糾する。日本は一九二六年二月に佐分利から七品目にわたって税率を区分する七種差等税率の導入案を提示した。これは中国の増収を実現しつつ、英米の意向にも沿う提案であったため、英米中三国から同意を取りつけることにほぼ成功した。

ところがこれと同時に、中国はワシントン関税条約で定められた二・五パーセント付加税の即時実施を求める提案を出した。英米は妥協的に中国の提案を受け入れる姿勢を見せたが、七種差等税率案の障害となりかねないため幣原は拒絶した（宮田二〇一四）。

会議はこの後、中国で発生したクーデターで段政権が倒れ、北京が無政府状態に陥ったことで、具体的成果を収めることができないまま自然消滅した。会議失敗の直接的原因が中国の内乱にあることは論を俟《ま》たないが、幣原が自国の経済的利益に固執する余り、柔軟な列国間協調を見失ったことが、日英米間での妥結を図れなかったとする見解がある（服部二〇〇六）。しかし同時に、中国がワシントン関税条約の範囲を超えて種々の要求を提示し、会議の紛糾を招いたことも見逃せない事実である。そして英国らがこうした中国の要求に好意的に対応しすぎる余り、北京政府の財政再建という元来の目的を果たせなかったことも会議失敗の原因であった。

†北伐への対応

一九二五年三月の孫文死去後、国民党は広東に国民政府を樹立した。中国統一に乗り出すため、国民政府は蔣介石を国民革命軍総司令に任命し、翌年七月より第一次北伐を開始した。この北伐軍の快進撃に際し、列国は在華権益保護の手段を講じる必要に迫られた。

米国のジョン・マクマリー駐華公使は、九カ国条約の枠組みでの解決を目指し、列国が共同で国民政府へ宥和的政策をとることを提案した。しかし幣原は、安易な国民政府への譲歩は、かえって中国の混乱を助長しかねないとして、英米両政府に慎重な態度を維持するよう説得した。

ところがオースティン・チェンバレン英国外相は幣原の動きに先んじ、一二月に対中新政策の採用と付加税実施の即時無条件承認の声明を発表した。このいわゆるクリスマス・メッセージは、英国の対中宥和政策への転換を前面に押し出したものであり、同時に英国が九カ国条約から実質的に離脱したことを意味していた。

こうした英国の独断的行動は、その東アジアにおけるプレゼンスの低下を反映していたともいえる。かつてのような巨大な軍事力を背景とした強硬な対中政策を独自に行うことができなくなっていた英国は、国民政府の革命外交が実力行使で租界回収などの行動に出ると、日本と共同で出兵の方針を定めようとした。ところが幣原の内政不干渉主義はここでも貫かれ、英国の共同出兵案は即時に立ち消えとなった。幣原にとっては軍事力による内政干渉を行わずして事態の打開を図ることが優先されたのだが、ジョン・ティリー駐日英国大使らからはこれが反英的姿勢と見られていた(後藤二〇〇六)。

幣原の不干渉主義が窮地に陥るのは、一九二七年三月に発生した南京事件であった。北伐軍は南京へ入城後、現地の外国領事官や居留民襲撃を行い、列国から激しい反発を招い

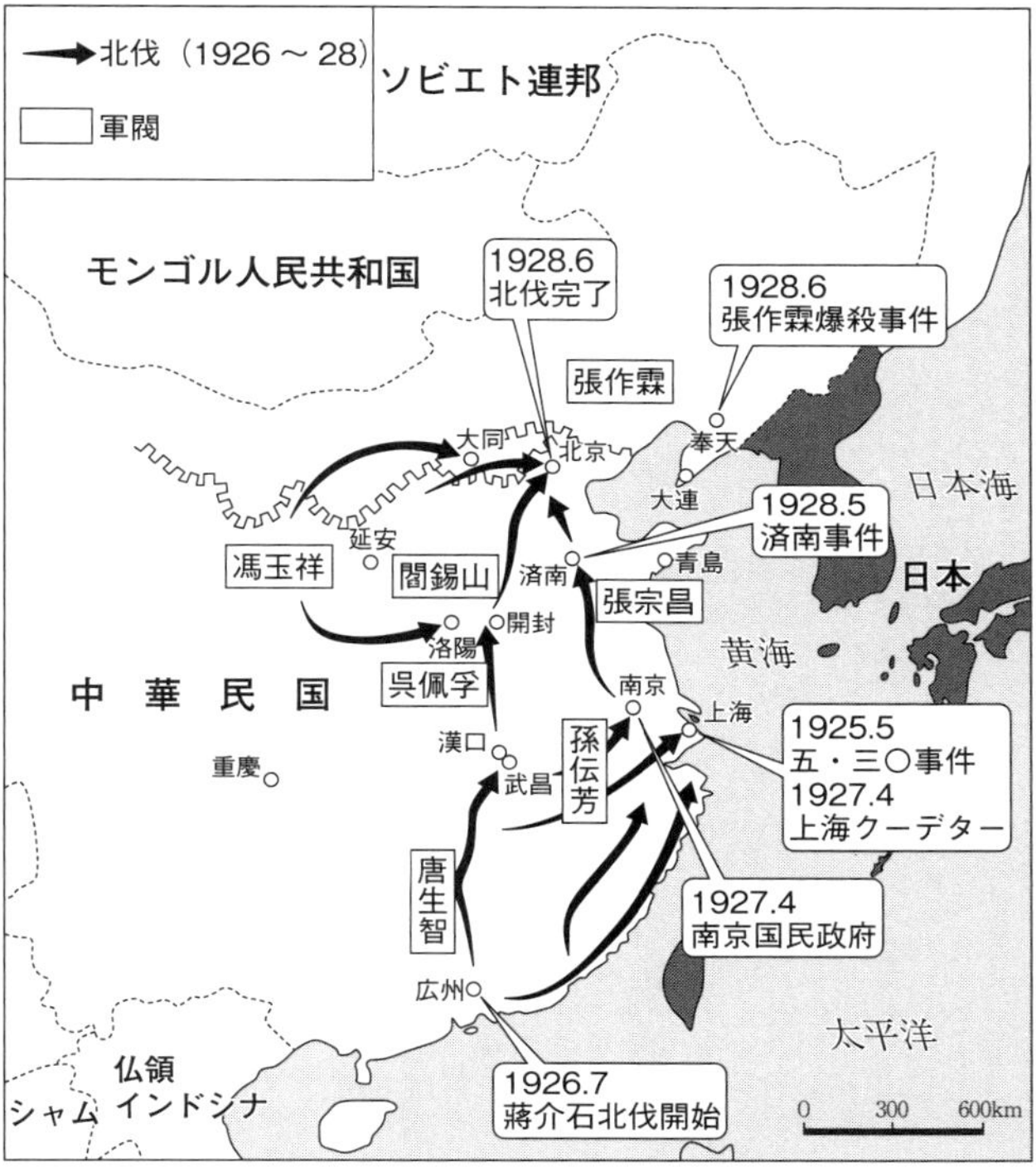

1920年代後半の中国

た。英国からの共同出兵が提起されたときも、幣原は、①中国へ軍事介入すれば、中国国民の一層激しい反発を招く、②国民政府内の穏健分子に支援を行えば、彼らが国内で売国奴との非難を浴びることとなる、③たとえ中国が共産化しても、ソ連と同様、数年もたてば居留貿易が可能になる、といった理由から応じなかった。

だが幣原の不干渉主義は英国のみならず、国内からの激しい批判をも浴びることになった。特に現地在住の民間人からは、政府へ即時出兵の要望が相次いだ。結局、若槻礼次郎内閣は、従来からの汚職事件・怪写真事件や、国内の対外強硬論に押され、金融恐慌への処理で枢密院《すうみついん》から同意を得られなかったことを理由に総辞職し、第一次幣原外交は終焉した。

†第二次幣原外交とその終焉

次の田中義一政友会内閣は、幣原の不干渉主義とは異なり、三度にわたる山東出兵を実施する。第一次出兵がイギリスから好評をもって迎えられた山東出兵であったが、第二次出兵時に発生した済南事件を契機として、中国排外運動の矛先が英国から日本へ移ることになる。幣原外交からの脱却を目指した田中外交は、事態打開には至らず、九カ国条約の破綻を早める要因となってしまった。

田中内閣に代わって成立した民政党の浜口雄幸《おさち》内閣は、日中親善や国際軍縮、財政緊縮などを盛り込んだ十大政綱を発表し、穏健な内政・外交を目指した。外相には再び幣原が就任し、第二次幣原外交が開始する。

第二次幣原外交は、そのスタート時からすでに重大な問題を抱えていた。それは第一次外相期と異なり、九カ国条約を無力化させうる満州情勢の重大な変化であった。

「タイム」誌の表紙を飾った幣原外相（1931年10月12日号）

張作霖死後、奉天軍閥を率いていた張学良《ちょうがくりょう》は国民政府に接近し、満州における排外運動を推進していた。張学良の政策は日本やソ連との対立を深め、一九二九（昭和四）年には中ソ戦争が勃発する。幣原はこのとき、日本が両国の仲介役となるべく奮闘した。一方で幣原は、調停に米英ら他の列国が関与することを望まず、当事者同士の解決を目指した。日英米三国協調を基盤とした九カ国条約は、明らかにその効力を失っていた。幣原がこうした英米排除の行動に出た理由として、幣原がすでに列国間協調の可能性に確信がもてなくなったためと指摘されている（西田二〇〇五）。

一九三一年九月に満州事変が勃発すると、幣原は事変の解決を日中二国間交渉とし、やはり英米らの介入を排除する姿勢に立った。ところが現地では関東軍が軍事行動を拡大し、国内ではそれを支持する世論が大勢を占めるようになったとき、幣原は解決への有効な手立てを失っていた。それは幣原外交が、世界恐慌以降に台頭した自給自足圏構想やアジア主義理念へ対峙する有効な理論を持ち合わせていなかったことをも意味する（黒沢二〇一三）。

満州事変から太平洋戦争終結までの期間、幣原外交がほぼ完全に潰えた理由の一つとして、幣原独自の官僚気質が指摘できよう。省内の仲間意識が希薄で、派閥や特殊な人脈を築くことをしなかった幣原は、その政策体系を受け継ぐ後継者の育成に無関心であった。自身の外相期は一部の有能な官僚を重用することで政策を推進することができたが、彼らが後に「幣原派」と呼ばれつつも、外務省革新派と呼ばれる少壮官僚グループのような結束力や行動力をもたない脆弱な結びつきにすぎなかったのはこうした理由による。

以上のような国際環境の変化による九カ国条約の無力化、国内の革新主義の台頭、そして日本的な官僚モデルからはみ出した幣原のパーソナリティーのいずれもが複雑に絡み合い、幣原外交を失わせたことは、結果から見ても日本の悲劇であった。そして幣原の外交路線が再び第一線に登場するには、太平洋戦争の終結を待たねばならない。

さらに詳しく知るための参考文献

臼井勝美『日本と中国――大正時代』（原書房、一九七二）……大正期の日中関係史に関する先駆的実証研究。幣原外交についても詳細に論じられている。

黒沢文貴『大戦間期の宮中と政治家』（みすず書房、二〇一三）……第一次大戦の衝撃を、日本にとっての「第二の開国」と捉え、この新時代に対応すべく外交手腕を発揮したとして幣原を論じる。

後藤春美『上海をめぐる日英関係 1925-1932年――日英同盟後の協調と対抗』（東京大学出版会、二〇〇六）……幣原・田中外交期の日英関係について実証的に論じた最新の成果。対英関係について、幣原外交は必ずしも協調的ではなかったことが説得的に論じられている。

幣原喜重郎『外交五十年』（中公文庫、二〇一五）……幣原の回想録。数少ない幣原自身の証言として重要。巻末にある筒井清忠の解説も、幣原の功績を知る上で有益。

幣原平和財団編『幣原喜重郎』（幣原平和財団、一九五五）……幣原の死去直後に出版された本格的伝記。その功績を顕彰する色合いが濃いが、貴重な史料も収められているため、現在でもその価値は高い。

関静雄『大正外交――人物に見る外交戦略論』（ミネルヴァ書房、二〇〇一）……第八章では、幣原の「対支内政不干渉論」と満蒙特殊権益論の関係性を、第一次外相期の政策決定過程から導いている。

種稲秀司『近代日本外交と「死活的利益」――第二次幣原外交と太平洋戦争への序曲』（芙蓉書房出版、二〇一四）……比較的蓄積がなされていなかった第二次幣原外交に関する本格的研究。主に中ソ戦争と満州事変への対応について、「死活的利益」の概念を手がかりに分析している。

西田敏宏「第一次幣原外交における満蒙政策の展開――一九二六～一九二七年を中心として」『日本史研究』（五一四号、二〇〇五年六月）……経済外交の面が強調されがちであった幣原外交を、その長期的視野に立った国際認識の面から再評価する一連の試みであり、同筆者による他の論考も重要。

服部龍二『幣原喜重郎と二十世紀の日本――外交と民主主義』（有斐閣、二〇〇六）……国内外の史料を幅広く渉猟した最新の伝記研究。本章で扱った各テーマについては、同著者の『東アジア国際環境の変動と日本外交 1918-1938』（有斐閣、二〇〇一）も参照。

宮田昌明『英米世界秩序と東アジアにおける日本――中国をめぐる協調と相克 一九〇六～一九三六』（錦正社、二〇一四）……一九世紀末から日中戦争開戦直前までの東アジア国際関係史を、関係各国の内情にまで踏み込んで分析した極めて緻密な実証研究。厳密な史料批判に基づいているが、ややオーバーと思われる表現もある。

第2講 普通選挙法成立と大衆デモクラシーの開始

小山俊樹

†政党政治と大衆デモクラシーの開始

一九二四（大正一三）年、加藤高明を首相とする護憲三派内閣（第一次加藤高明内閣）が成立した。第二次護憲運動と呼ばれる政治運動を背景として、衆議院議員総選挙に勝利して政権を獲得した護憲三派内閣は、大衆の期待に応えて普通選挙法を成立させる。以後約八年間にわたって、日本は政党が内閣を組織する政党政治の時代を迎えるのである。

政党政治開始の契機となった第二次護憲運動とは、どのようなものであったか。護憲運動の批判対象となった清浦奎吾内閣は、一九二三（大正一二）年一二月に起きた虎ノ門事件（摂政宮を狙った襲撃事件）の責任をとって総辞職した第二次山本権兵衛内閣の後に成立した。枢密院議長から首相となった清浦は、長年関係をもってきた研究会（貴族院の最大会派）に協力をあおぎ、衆議院最大多数党の政友会にも提携を呼びかけた。政友会には原敬総裁の時代に、貴族院との協調関係を築いた実績があった。

ところが、政友会は清浦の誘いを拒否した。政権から遠ざかっていた政友会は、山本内閣の倒壊前から、非政党内閣と対決する姿勢を強めており、加藤高明を総裁に頂く憲政会（立憲同志会の後身）との連携を進めていたのである。政友会総裁・元首相の高橋是清は、清浦内閣を貴族・官僚主体の特権階級内閣と批難し、みずからは貴族院の議席を捨てて衆議院議員選挙に立候補すると宣言した。ところが高橋総裁の決定に対して、床次《とこなみ》竹二郎・山本達雄ら政友会幹部の一部は、原敬以来の伝統的な貴族院との協調をとなえて反対し、脱党して政友本党を結成した。

ここに衆議院の勢力は、清浦内閣を支持する政友本党と、倒閣をめざす政友会・憲政会・革新俱楽部の三党に二分された。三党は政党政治の確立を目標とし、「閥族打破」「憲政擁護」をスローガンに掲げて貴族院改革と普通選挙実現を訴え、護憲三派と呼ばれた。護憲三派の活動は、大正初期（一九一二～一三年）に桂太郎内閣の打倒を実現した「憲政擁護運動（第一次護憲運動）」をモデルとしており、「第二次護憲運動」と呼ばれている。

清浦内閣は任期満了のせまる衆議院を解散し、護憲三派と政友本党は総選挙を戦った。投票の結果は、護憲三派の圧勝であった。なかでも議席を伸ばしたのは、一五四議席を獲得した憲政会であった。分裂選挙を戦った政友会は一〇一議席、犬養毅が率いる革新俱楽

護憲３派の党首３人の会談。左から加藤高明、犬養毅、高橋是清。1924年撮影（毎日新聞社提供）

部は二九議席とふるわず、一一四議席の政友本党にも及ばなかった。六月、憲政会総裁の加藤高明に組閣の命が下った。これは戦前日本において、選挙結果をふまえて首相が選ばれた唯一の事例であった。加藤は政友会の高橋是清、革新倶楽部の犬養毅らを入閣させ、護憲三党による連立内閣を組織した。

護憲三派内閣を成立させた第二次護憲運動は、大正初期の護憲運動ほど盛り上がらなかったとされる。大衆の政治参加要求よりは、政権獲得をめざす政治家の思惑が見えかくれしていた。運動で掲げられた政策目標も、政党政治の実現は共有されていたものの、普通選挙制度には政友会が、貴族院改革には憲政会が、それぞれ消極的な姿勢を見せていた。

こうした戦前の政党には、当時の広範な社会運動や政治的要求に応える能力が欠けていると見なされ、歴史家の評価も総じて低かった。ところが近年の研究では、第二次護憲運動が、都市の民衆や農村の青年層などを中心に、広い支持を集めていたことが明らかになってきた。特権階級打破の呼びかけに、地域の青年層が呼応し、運動を下支えしていたのである。まがりなりにも大衆の支持を集め、普通選挙を実現させて政党政治の時代をもたらした護憲運動の評価は、研究の進展によって次第に見直されつつあるといえよう。

†普通選挙法の成立をめぐって

普通選挙とは、身分や財産・収入などによる区別をせず、広く選挙権・被選挙権を認める選挙制度である（ただし第二次世界大戦前には、女性参政権を認める国は少なかったので、男子のみの参政権であっても「普通選挙」と呼ぶのが一般的である）。衆議院選挙制度の導入以来、選挙権獲得に必要な直接国税（地租・所得税）の額は、段階的に引き下げられてきた。そして一九二五（大正一四）年、護憲三派内閣は納税資格を撤廃する法律改正（普通選挙法）に取り組んだ。

だが注目を集めた政治課題だけに、普選法案の策定は難航した。まず政府原案に対して、枢密院が被選挙権の年齢を二五歳から三〇歳に引き上げたほか、「公私の救助を受くる者」を投票の欠格要件とする修正を加えた。そこで加藤首相らは調停に奔走し、「救助」を「救恤《きゅうじゅつ》」（困窮者への施し）として、欠格対象を限定した。すると普選反対論が強い貴族院が、再び「救恤」を「救助」とすることなどを含む修正案を可決した。衆議院は貴族院の修正を拒否して法案は両院協議会に持ち込まれ、ここで「貧困に因り生活の為、公私の救助を受け又は扶助を受くる者」と欠格要件が決定し、ようやく法案は成立した。

さらに普選審議の過程で、枢密院は教育・思想の善導や過激な言動を防ぐ措置を講ずるよう政府に求めた。同じ年に日本とソ連が国交を回復し、日本国内での共産主義活動の活発化が予想されていた。ヨーロッパでも、すでに共産主義の取り締まりが始まっていた。そこで「国体」や「政体」を変革し私有財産を否認する目的の結社を取り締まる治安維持法が、普通選挙法と同時に制定された。同法は治安立法を求める政友会と、消極的な憲政会との妥協の産物であったが、後に拡大解釈されて一般国民の思想統制に用いられてゆく。

ともあれ普通選挙制度の導入は、多年にわたる政治上の懸案であった。第一次世界大戦（ロシア革命や米騒動などが起きた）の影響で高揚するデモクラシーの風潮にともない、大正後半期には多様な社会運動が勃興していた。労働争議・小作争議の多発、社会主義の再興、そして婦人運動や部落解放運動なども隆盛となった。こうした運動のほとんど全てにおいて、普通選挙の実施は政治的要求の中核となっていたのである。

紆余曲折はあったものの、社会の要望に政治が応えたことで、一般の「大衆」が議会政治に参加する「デモクラシー」の道は開かれたと考えられた。有権者数は全人口の約二〇パーセントに達し、さまざまな無産政党も樹立された。普通選挙法の制定によって、日本の大衆デモクラシーは新たな段階に入ったのである。

†「憲政の常道」と政党政治

普選法成立後、政友会の高橋是清総裁は引退し、後を継いだ元陸軍大臣の田中義一《ぎいち》総裁は加藤内閣に入らなかった。次期政権を狙う田中政友会は、革新倶楽部を吸収合併し、政友本党と提携して多数派工作を強めた。そして税制改革をめぐって、憲政会と政友会は対立し、閣内不一致で護憲三派内閣は総辞職した。

次期首相を天皇に推薦する元老は、このころには西園寺公望ただ一人となっていた。政友会や政友本党は、元政友会総裁で加藤高明を嫌っていた西園寺の判断に期待した。ところが西園寺は、迷わず加藤を再び首相に推した。西園寺は普選を実施し、堅実な外交方針を貫いた加藤の評価を見直し、その指導力に期待したのである。第二次加藤内閣では憲政会が単独与党となり、政友会と政友本党は野に下った。だが加藤首相は議会中に急逝し、憲政会の総裁を継いだ若槻礼次郎内相が首相に推薦された。

与野党の対立構図が明らかになったことで、政党間の競合は激しさを増し、スキャンダル暴露の応酬が起こった。若槻首相が偽証罪で告発された松島遊郭事件、田中総裁の資金源として疑われた陸軍機密費事件、それに政友会が政府の監督責任を追及した朴烈写真事件など、数々の事件が話題となった。特に朴烈写真事件では、天皇暗殺を企図したとして「大逆罪」で死刑判決を受けた朴のスキャンダラスな写真が、メディアで流布されて大衆の関心を集めた。ここには急速に発達していたメディアの政治への影響力、および後年のロンドン軍縮条約をめぐる「天皇大権（統帥権《とうすいけん》）」干犯《かんぱん》問題（第4講）などに通じる、政治的シンボルとしての天皇の存在感の浮上などが見られる。

政友会と政友本党が内閣不信任案を提出すると、若槻首相は大正天皇の薨去《こうきょ》を理由に解散を避け、田中総裁らとの会見で辞職をほのめかして不信任案を撤回させた。ところが与党憲政会が政友本党とひそかに提携を進めたことが露呈すると、反発した政友会は議場で政府攻撃に転じた。震災手形法案の審議に臨んでいた片岡直温《なおはる》蔵相は、議会で政友会の質問攻勢にさらされ、東京渡辺銀行の破綻を公言してしまった。片岡の失言で発生した金融恐慌は、政治闘争の産物でもあった。さらに若槻内閣は、台湾銀行の救済を緊急勅令で行おうとしたが、勅令案を枢密院に否決されて総辞職した。政変をうけて、西園寺と後継首相の人選を相談した牧野伸顕内大臣は、「憲政の常道」により田中義一を推薦する旨を西園寺に伝え、西園寺も同意した。

「憲政の常道」とは、現首相の不慮の事態による内閣総辞職の後は与党の次期総裁が、政策の行き詰まりによる内閣総辞職の後は野党第一党の総裁が次の政権を担当する、政党政治時代の政権交代方式である。従来の通説では、西園寺は「憲政の常道」をふまえながら、必要があればいつでも非政党内閣をつくる考えであったとされてきた。だが近年の研究では、西園寺には、複数政党による政権交代を軌道に乗せたいとする明確な意思があったことが明らかにされている。加藤内閣以降の西園寺は、政党政治の連続を積極的に容認し、その将来的な定着をめざしたのである。

政党政治を実施する環境も整いつつあった。三谷太一郎は、戦前に政党内閣が連続するための「現実的諸条件」として、①貴族院に対する衆議院の優位の確立、②政党政治を正当化する憲法理論の通説化、③枢密院の中立化、④官僚の政党化、⑤国際緊張緩和と軍部の政治的比重の減退、の五点を挙げた。政党の全盛期である昭和初期には、政党政治を正当化する天皇機関説に揺るぎはなく、貴族院や枢密院にも政党を正面から打破する力はなかった。内務省や外務省などの諸官庁や陸海軍（軍部）も、存在感を増す政党内閣への対応を迫られていた。政党は批判をうけながらも政権の座を独占し、他の政治勢力に影響力を及ぼし始めていたのである。

†二大政党の国内政策

戦前の二大政党は、どのような国内政策をもっていたのか。

憲政会―民政党の国内政策は、予算・人員を削減して公債の発行額を縮小する行財政整理（陸海軍の軍縮を含む）を基調とした緊縮財政が特徴的である。財政状況の改善と正貨（金）の蓄積をうけて、浜口雄幸内閣は経済界の懸案であった金解禁（金本位制への復帰）を断行し、為替レートの安定化を図った。さらに重要産業統制法を制定してコスト削減や企業の合同・カルテル化（産業合理化）を推進し、国産品の愛用を奨励することで、国内企業の競争力強化をめざした。だが、金解禁のタイミングが世界恐慌の直後であったこともあり、昭和恐慌が発生したことはよく知られている。

政治面では、浜口内閣が選挙制度改革を掲げて婦人参政権や比例代表例を検討したほか、労働組合法の制定なども準備されたが、実現しなかった。同党の社会政策に対する熱意を疑う見解もあるが、憲政会内閣の時代には労働争議調停法が成立しており、選挙の公約で挙げられた政策課題に取り組む姿勢は強調されていた。憲政会―民政党の政策は、緊縮財政、社会政策、政治的権利の拡大などに重点を置いていたといえよう。

一方で、政友会の看板となった国内政策は、税制改革と地方分権であった。田中内閣は行政改革審議会を設置して、税源としての地租を地方に渡す地租委譲、府県知事の公選制、府県を統廃合して州庁を設置する道州制などを検討したが、実現しなかった。さらに犬養毅が総裁となると、産業立国主義や農村振興政策を唱えて、民政党の緊縮財政や金解禁を批判した。犬養内閣の成立後には高橋是清蔵相のもとで金輸出を再禁止し、金本位制からの離脱と円安誘導政策を実施した。

政治面では、田中内閣が共産党の取り締まりを強化し、普選実施後に共産党の一斉摘発を行って、一五〇〇名あまりを検束した（三・一五事件）。さらに緊急勅令によって治安維持法を改正し、最高刑を死刑とした。近年では、このときの改正で同法に「目的遂行罪」（共産党の活動目的に資する行為を罪とする）を加えたことが、後年の適用拡大に道を開いたとして注目されている。政友会の政策は、積極財政、産業振興、治安立法の強化などを重視したといえよう。このように、二大政党はそれぞれ特徴的な政策体系を掲げて、有権者にアピールした。

従来、政党内閣期の国内政策は、二大政党間で振れ幅が大きく、統一性を欠いたことが問題とされてきた。一方で、二大政党の政策は国際的な経済競争と国民生活の改善に対処する点で、相互補完的であったとの指摘もある。また政党政治そのものが短命に終わったため、政党の立案による政策が実現した例は多くないが、冒頭に挙げた普通選挙法をはじめ、重要産業統制法や治安維持法など、後の時代に引き継がれた重要政策もあった。そこで政党内閣期の諸政策については、一九一〇〜二〇年代の政策論議との関連や、一九三〇〜四〇年代の戦時体制への影響など、前後の時期との関係をふまえた検討が進められつつある。

†二大政党の党内派閥

政友会と民政党には、戦後の自由民主党にかつて見られた派閥の原型が形成されていた。派閥の長は、それぞれの人脈を駆使して政治資金を集め（政友会は三井、民政党は三菱の関係者が多く、それ以外にも多様な献金があった）、党内での勢力拡大につとめるとともに、党の幹部人事（総務・幹事長など）や政策決定に強い影響力を行使した。

昭和初期の政友会は、派閥間の抗争が激しかった。党の経歴が長い古参の有力者たちのほか、政友本党や革新俱楽部からの合流があり、鈴木喜三郎・久原《くはら》房之助らの新興勢力も勢いを伸ばしていた。原敬総裁の時代と異なり、高橋是清・田中義一・犬養毅などの総裁は、派閥の実力者の意向を無視できなかったとされる。

なかでも鈴木喜三郎派は、鳩山一郎・森恪《つとむ》などの幹部と連携して勢力を強め、犬養総裁時代には党内最多の勢力を築いた。だが鈴木に反発する党内勢力も強かった。五・一五事件で犬養総裁が死去した後、派閥の力を動員した鈴木が総裁の座につくと、鈴木総裁に反発する非主流派は非政党内閣を支援する動きを強めた。そのため、犬養死去後の政友会は統制を乱し、政局の中心から遠のいてゆく。

政友会に比べると、憲政会―民政党では総裁の権限が強く、長く党を率いた加藤高明総裁のもとで、若槻礼次郎ら官僚派が党の中心を占めた。官僚派に対して、議会のキャリアが長い政治家は、安達謙蔵を筆頭に党人派と呼ばれた。官僚派は党人派をおさえて幹部人事などを独占し、政策決定に強い影響力を行使した。

そのなかで総裁となった浜口雄幸は、官僚出身であるが衆院の議席をもち、官僚派・党人派双方の信望を得ていた。だが浜口が遭難すると内紛を免れず、満州事変以後の協力内閣運動を契機に、若槻総裁と対立した安達は脱党する。安達ら党人派の一部が、井上準之助蔵相の進める緊縮財政政策に危機感をもち、政府の政策決定や予算編成に不満を抱いていたことも、民政党内閣の崩壊の一因であった。このように、二大政党が一九三〇年代に求心力を失う理由には、党内派閥の抗争にも原因があった。

戦前政党の内部事情は複雑で、政治家の個人史料も十分には残されておらず、未解明の面も多い。だが近年は『浜口雄幸日記』『斎藤隆夫日記』などの政党政治家の史料や、政党内閣期の叙述を充実させた地方自治体史なども公刊され、研究の進展がうながされつつある。さらに派閥構造や政治家個人の思想や行動を探究することで、政策や政局との関連を明らかにし、新たな知見を得ようとする研究が進んでいる。

†普通選挙の実施

一九二八（昭和三）年二月、国政選挙で初の普通選挙が実施された。大衆の政治参加を軸とするデモクラシー型政治体制の実態は、どのようなものであったか。

第一回普選では、有権者の急増をうけてポスターやレコードなどが積極的に活用され、政党による選挙広告が新聞に出されるなど、選挙戦の様相も華々しいものとなった。さらに厳しい選挙干渉が行われた。戦前の選挙では、不正な買収などが横行しており、警察が違反行為を取り締まっていた。普通選挙法では有権者数の拡大だけではなく、買収の温床となりやすい戸別訪問を禁じ、運動員や費用などにも規制を加えるなど、選挙運営の改善が図られた。

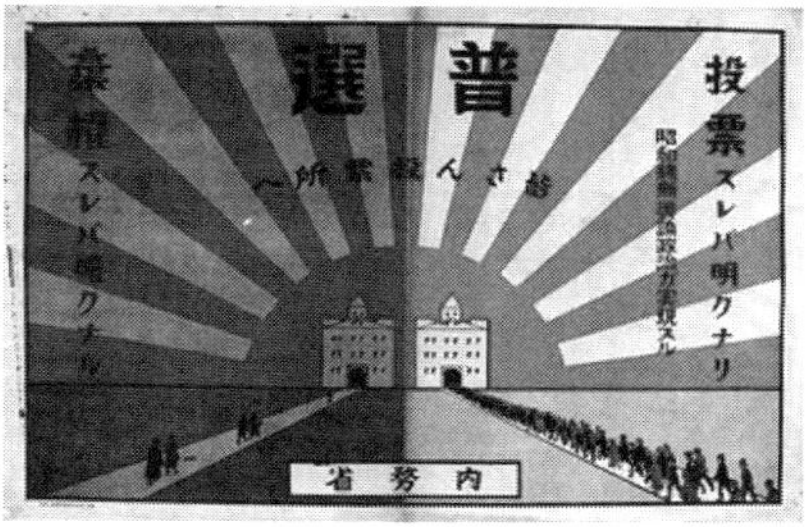

第１回普選で内務省が作成したポスター。左側が暗くなっており、「棄権スレバ暗クナル」と書かれている。

ところが政党政治が本格化したことで、選挙を運営する内務省の官僚（府県知事や警察）に政権与党の意向が強く働くようになった。事実、田中政友会内閣は元司法官僚の鈴木喜三郎を内務大臣にすえ、露骨な党派人事を断行した。与党の息のかかった府県知事や警察は、野党に厳しい取り締まりを実施した。投票当日に公表された違反人数は、政友会一六四、民政党一七〇一であった。干渉の実態がよみとれる数字である。

それでも与党政友会は、田中内閣の人気低迷もあって苦戦を強いられた。与党側の選挙責任者である鈴木内相は、投票前日に英米流の「議会中心主義」（民政党の綱領に掲げられている文言）は日本の国体と相容れないと声明して野党を攻撃したが、かえって批判にさらされた。投票の結果は、政友会二一七、民政党二一六の議席数となり、得票数では民政党が政友会を上回った。投票率は八〇パーセントを超え、無産政党からは八名の当選者が出た。選挙後に召集された与野党伯仲の議会で、鈴木内相は干渉などの責任をとって辞職に追い込まれた。選挙戦で実質上敗北を喫した与党政友会は、強引な工作で多数派形成を図って政権を維持したが、こうした経緯は普通選挙と政党政治の開始に暗い影を投げかけた。

その後、普通選挙制度下の衆院総選挙は政党内閣時代に二度実施された。選挙ごとに、二大政党間の得票は大きく変動した。そしていずれの選挙も政府与党の圧勝に終わり、政権与党が選挙に敗北して退陣することはなかった。与党には選挙干渉を行える有利さがあり、選挙資金の準備も野党に比べて容易であった。

得票の大きな変動（ナショナルスウィング）の要因としては、特に都市部での票の変動が挙げられる。このころ政治家は個人後援会を作りつつあったが、まだ組織率は高くなかった。一般の有権者が激増した都市部を中心に、大量の浮動票が生まれたことは、選挙結果の激しい変動に影響したと考えられる。

政党側の集票活動も活発であった。官僚の政党化の影響などにより、公的な役職にある者や共同体的組織・団体組織の関係者が、汚職・買収などで検挙される事例が目立った。個人後援会などの形をとることで、買収を巧妙化させるケースも増えた。露骨な買収や干渉はしばしば批判にさらされ、一般有権者の反感を買うことも多かったが、それにもかかわらず、普選で期待された不正の根絶は達成できなかった。

また二大政党が圧倒的支持を得る一方で、無産政党は伸び悩んだが、その原因を資金力や不正に求める批判も強かった。選挙の疑惑と不公正感は、議会政治の正当性に対する国民の疑念と深く結びついていった。

普通選挙制度の実施によって、国民の政治参加は拡大し、大衆デモクラシーは確かに進展した。政党間での政権交代の実績を重ねることで、政党政治も慣例化されていった。だがそれは、国民が政党政治の弊害を、さまざまな形で直視することにつながった。政党への期待と失望は、恐慌や社会不安の増大とともに、軍部の台頭を準備する一因となってゆくのである。

さらに詳しく知るための参考文献

粟屋憲太郎『昭和の政党』（岩波現代文庫、二〇〇七〔初版一九八三〕）……昭和戦前の政党について、政友会と民政党の二大政党を中心に、選挙の実態、地方政治の構造、世論の反応などを交えて描いた研究。政党政治期から戦時期の政党解散を経て、戦後政党政治の開始までの政党史も網羅している。

伊藤隆・中村隆英編『近代日本研究入門〔増補版〕』（東京大学出版会、二〇一二〔初版一九八三〕）……近代日本政治史の研究をめざす人のために、当該研究分野の第一人者によって書かれた研究入門書。本項でふれた三谷太一郎の論文（「政党内閣期の条件」）などの時代別論考六本と、外交・司法・財界・教育・労働産業・財政金融などの各テーマ六本、および史料論などの内容からなる。

奥健太郎『昭和戦前期立憲政友会の研究——党内派閥の分析を中心に』（慶應義塾大学出版会、二〇〇四）……昭和初期の政友会を対象に、政治家の日記などの一次史料から新聞雑誌などの報道までを博捜して、詳細に分析した研究。鈴木喜三郎派であった鳩山一郎を中心とした党内派閥、新体制運動にいたる動向、選挙を通じた中央—地方関係などが検討される。

小山俊樹『憲政常道と政党政治——近代日本二大政党制の構想と挫折』（思文閣出版、二〇一二）……戦前政党政治を示すキーワードであった「憲政の常道」を軸に、二大政党政治の成立と崩壊の契機を探った研究。選挙による政権交代も、与野党の連立も含まない「憲政の常道」のルールが政争の激化を促した点や、「憲政の常道」の定着をめざした西園寺の首班奏薦の論理などを解明する。

季武嘉也・武田知己編『日本政党史』（吉川弘文館、二〇一一）……維新期の政党観から、政党の結成と議会開設後の発展、戦時下の解党と戦後の復活、五五年体制から現代まで、日本近現代史を「政党」の視点から簡便な記述で描いたもの。各時代の主要な政党研究を掲げた参考文献表も、現在の政党史研究を知る上で有用である。

筒井清忠『昭和戦前期の政党政治――二大政党制はなぜ挫折したのか』（ちくま新書、二〇一二）……政党内閣期の政治を題材に、一次史料や新聞報道などをふまえて詳細に描き、戦前政党政治の諸課題を解明した著作。とくに普選とマスメディアの発達を背景とした「大衆デモクラシー」のもとで「劇場型政治」が成立し、政党政治への幻滅と軍部の台頭を促したとの指摘は、現代政治の考察にも示唆的である。

中澤俊輔『治安維持法――なぜ政党政治は「悪法」を生んだか』（中公新書、二〇一二）……普選とともに生み出された治安維持法の制定と変容を、政党の役割に着目して解明した研究。二大政党（政友会と民政党）と取り締まり官庁（内務省と司法省）それぞれの思惑を描き、政党政治のなかで同法の適用拡大が準備された要因を明らかにしている。

奈良岡聰智『加藤高明と政党政治――二大政党制への道』（山川出版社、二〇〇六）……憲政会を率いて二大政党政治の基盤を形成した加藤高明に関する、初の本格的な伝記的研究。イギリスに親しみ、立憲同志会・憲政会を政権政党へと築き上げ、政党政治の形成に資した加藤の実像に、多様な史料を駆使して迫っている。

升味準之輔『日本政治史３――政党の凋落、総力戦体制』（東京大学出版会、一九八八）……近代政治史を網羅した大著『日本政党史論』（全七巻）の普及版、全四巻。戦前政党政治史研究の礎を築いた。豊富な史料を引用しながら、独特の語り口で読みやすい。本巻は一九二〇年代の政党政治の展開と、二大政党の構造を扱う章が含まれる。

村井良太『政党内閣制の成立　一九一八～二七年』（有斐閣、二〇〇五）……政党政治形成の契機を、元老西園寺公望の政治指導に着目して描いた著作。不本意ながらも加藤高明を首相とした西園寺が、政党政治を求める世論、憲政会の外交方針の堅実化、そして首相選定方式の変化のなかで、二大政党制を容認し、その育成を手がける存在となっていく様相が描かれる。

第3講　北伐から張作霖爆殺事件へ

家近亮子

†北伐とは何か

一九一一年一〇月一〇日に辛亥革命が起き、二六〇年以上続いた清朝による中国支配が終わった。革命を指導したのは中国同盟会であるといわれているが、実態はより複雑であった。中国同盟会は孫文の興中会（広東）、黄興・宋教仁の華興会（湖南）、蔡元培《さいげんばい》・章炳麟《しょうへいりん》の光復会（浙江・上海）が一九〇五年八月に大同団結したもので、その綱領は「駆除韃虜《だつりょ》、回復中華、建立民国、平均地権」であったが、政策的にはさまざまな違いが見られた。この他にも共進会（長江流域）、文学社（武昌）などの各団体が清朝を打倒し、漢民族による国家を建設するために活動していた。ここで重要なことは、それらのほとんどが揚子江以南に基盤をおいていたということである。

革命運動は「南から北へ」の動きを見せた。異民族（満州族）支配によって長年政治的辺境におかれていた南方人士たちは、「われわれの国家」建設に期待をかけ、それまで海外に向けていた人的・経済的エネルギーを国内に向けるようになった。革命の発端となった武昌新軍蜂起は、文学社と共進会のメンバーが中心となった。当時米国コロラド州デンバーにいた孫文は、急遽帰国の途についたが、上海に戻った時は一九一一年一二月二五日になっていた。帰国後臨時大総統に選出された孫文は、一九一二年一月一日南京で中華民国の成立を宣言する。しかし、その時点では清朝最後の皇帝、宣統帝溥儀《ふぎ》は退位には至っておらず、それを実現するには北京に基盤をもつ北洋軍閥の首領であった袁世凱《えんせいがい》の力を借りざるを得なかった。北伐の起源はここに求めることができる。

中華民国臨時政府は、袁世凱に対して①清帝の退位、②臨時の首都を南京とすることを通電した。これに対して、袁は清帝退位には同意を示したが、臨時政府には事実上北方を統轄することは不可能であるとして、北方独自の臨時政府を組織することを宣言した。これを受けて孫文は、二月に蔡元培・宋教仁《そうきょうじん》を北京に派遣し、袁に南下を促す。この南方からの要請に対して、北洋軍第三鎮が兵変を起こし、「臨時政府は北京に樹立すべし」と通電した。そして、袁は南下することなく三月一〇日、孫文に代わって北京で臨時大総統就任を宣誓する。

しかし、孫文はその後も定都問題には固執した。一九一二年八月三一日孫文は北京の参議院歓迎会で演説し、北京を首都とすることにあくまでも反対する理由を述べた。それは、①一国の首都になるには外国人の居留地、特別区域（租界等）、外国軍の駐屯などが多すぎること、②国防上に問題があること。すなわち、中国への侵略を狙っている二つの大国、ロシアと南満州・朝鮮の交通を支配している日本の軍隊が、有事の時共に五日もあれば到達できること、などであった。

そして、中華民国の首都は最終的には武昌か南京のどちらかにすべきであると主張したのである（『民立報』一九一二年九月六日）。

その後、袁世凱は南方の革命政党を弾圧し、帝制を復活するなどしたため、革命派と鋭く対立し、中国は北京政府と南方の革命政権とに分裂し、一九一六年六月の袁世凱の死後も対峙状態が続いた。孫文は二一年八月北伐出師を決議し、自ら南北統一を図るが、一〇月広東軍閥の陳烔明《ちんけいめい》の反対にあい、この時は実現しなかった。自らの軍事力不足を補うため、孫文はソ連と提携し、二四年一月中国共産党との合作に踏み切り、黄埔《こうほ》に陸軍軍官学校を建設する。二五年三月の孫文の死後、北伐による国民革命の完成、南京を首都とする三民主義による国家建設の実現は、中国国民党の最大の政治目標となった。

†北伐と日本

孫文の死後、国民党は共産党との関係を軸として左右に分裂していく。黄埔軍官学校の校長であった蔣介石は、当時は「中間派」という評価を受け、北伐に関しても左派の代表であった汪精衛《おうせいえい》（兆銘《ちょうめい》）との間に大きな矛盾は見られなかった。汪は「全国統一が早期に達成されることが孫文の遺教に応えること」であり、「第三次全国代表大会開催までには少なくとも黄河流域までをすべて本党主義の指導下におく必要がある」ことを強調し、北伐の早期発動を促した（「第二次全国代表大会閉会詞（二六年一月二〇日）」）。

一九二六年六月五日、国民党は蔣介石を国民革命軍総司令に任命し、七月一日広州から北伐に出発する（二五頁の地図参照）。当面の目標は、湖南・湖北省を支配していた呉佩孚《ごはいふ》と福建・浙江省と揚子江一帯を支配していた孫伝芳との戦いであった。七月一四日「北伐出師宣言」が出されるが、そこには「中国人民の一切の苦難の原因は、帝国主義の侵略及びその手先としての売国的軍閥の暴虐にある。中国人民の唯一の要求は、人民による統一政府を建設することにある」とある。ここから分かるように、国民革命は共産党の影響が強く、反帝国主義の枠組みで北伐も始められたといえる。軍閥と呼ばれていた地方の軍事指導者たちが、独自の支配領域と軍隊を有して中国を分割統治し、その地方に利権をもつ列強と結びついていたことは事実であった（図参照）。

　日本は一九一五年の「対華二十一カ条の要求」によって満蒙と山東省の権益を得たが、一九二一年一一月から開かれたワシントン軍縮会議において、中国の門戸開放・機会均等を定めた「九カ国条約」が締結され、また英米の仲裁による「山東還付条約（二二年二月四日調印）」で山東省の既得権益のほとんどが無効となり、山東駐屯軍も撤退が決定した。ただ、膠済《こうさい》鉄道に対する借款と沿線の鉱山を日支合弁として経営権を残したため、山東の日本人居留民は約一万八〇〇〇人に増加する。

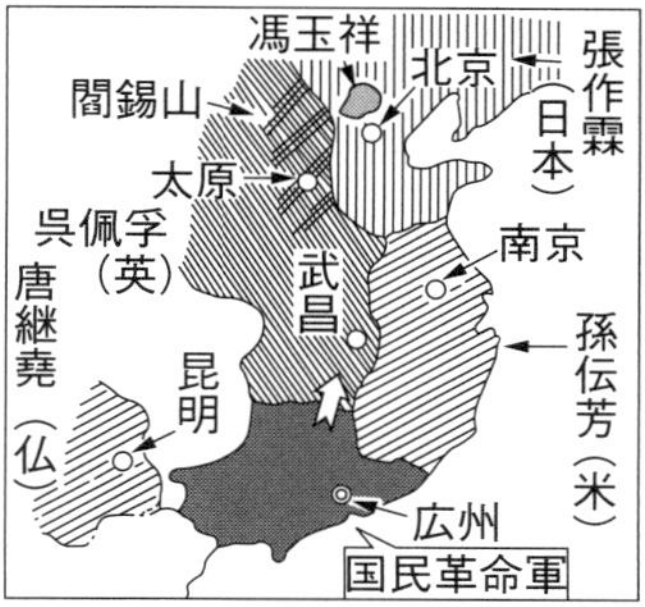

北伐直前の軍閥割拠状況（1926年７月、『蔣介石秘録』７）

　中国の国民革命の時期は、昭和天皇が摂政から天皇に即位した時期と重なる。近年の研究により昭和天皇の実像がかなりの部分明らかになってきている。古川隆久によると、昭和天皇は「儒教の徳治主義と西欧、特にイギリスの政党政治と結びついた大衆的な立憲君主制の実現と協調外交を理想として」いた（古川二〇一二）。「協調外交」が基本なのであった。

　蔣介石の第一次北伐においては、その背後で共産党の大衆動員による諸外国の施設の破壊、外国人居留民に対する略奪などが横行したため、北伐進行にともない、諸外国との衝突も激しくなっていった。蒋介石はそのような事態を容認している武漢政府と次第に対立するようになり、共産党もまた反蒋キャンペーンを公然と行うようになっていった。そのような中、漢口事件、南京事件が立て続けに起きる。

一九二七年一月五日、イギリス兵の暴行に抗議した民衆が漢口の租界に乱入するという事件が起こる。この時イギリスは、中国人が被告となる漢口租界内の事件に関する司法権や、租界における行政権、警察権を中国に返還する決定を行う（宮田二〇一四）。これをイギリス側の大幅な譲歩と認識した大衆は勢いづき、大衆運動は激しさを増していく。三月二三日蒋介石の指揮する国民革命軍江右軍は、南京を占領した。勢いに乗った民衆と兵士は、二四日南京市内で暴動を起こし、外国領事館、教会、住宅等を襲撃し、外国人数人を死傷させる。これに対して英米軍が居留民保護を理由に発砲し、南京市民多数が死亡した。日本は発砲には参加していない。中国側の新聞が発表した国民政府の調査によると、死亡した外国人は、米国人一名、英国人二名、日本人一名、負傷者は、米国人二名、英国人二名、日本人二名であったが、両軍の発砲により死傷した中国人民衆は二〇〇〇人にのぼった（『晨報』一九二七年四月三日）。これが、南京事件である。

南京事件の事後処理に関して三月三〇日、日本の若槻内閣の幣原喜重郎外相は、①暴行兵士の厳罰、②損害賠償の支払い、③被害者への保障を要求した。しかし、日本の陸海軍当局はこれを不満として各国が共同出兵し、治安の維持に乗り出すべきであると主張した。この時日本は上海総領事に、蔣介石に対して「極力共産分子を弾圧すべき」こと、「南京から上海に戻って上海の治安を維持すべき」ことを要請するよう指示した（『晨報』一九二七年四月一日）。共産党による大衆運動の取り締まりへの要請は上海を基盤としていた実業家（宋家・虞洽卿《ぐこうきょう》など）からも起きていた。

四月一二日、蔣介石は上海で反共クーデターを断行し、一八日武漢政府から分派した国民政府が南京に成立する。これに対して、汪精衛は一九日、武漢独自の北伐を遂行することを宣言する。黄埔軍官学校は蔣に忠誠を尽くしていたため、軍事力を持たない汪は、地方の既存の軍隊をそのまま国民革命軍に組み入れるという方法で北伐を実行しようとした。閻錫山《えんしゃくざん》、馮玉祥《ふうぎょくしょう》、唐生智、李宗仁、張発奎《ちょうはつけい》を新たに総司令や総指揮に任命し、武漢北伐軍を構成した。彼らは武漢政府の軍事的空洞化をにわかに埋める役割を担ったが、同時に政治的発言力をも強め、国民政府に対する影響力を行使するようになる（家近二〇〇二）。

南京国民政府成立の二日後の四月二〇日、日本でも新たに田中義一内閣が成立した。田中は、大陸積極政策を公約としていたため、軟弱外交といわれていた幣原外交の不干渉主義を転換させた。そして、居留民保護の名目で五月二八日、第一次山東出兵を断行する

（九月撤退）。蔣介石は、これを「穏健外交から侵略外交へ」の転換と後に評した（『蔣介石秘録7』）。田中は同時に北京の張作霖《ちょうさくりん》側の情勢を探るよう、奉天総領事であった吉田茂に要請した。北伐軍の動向が日本の利権と大きく関連するという判断がそこにはあった。

†蔣介石と田中義一の会談

馮玉祥は南京と武漢の合流を企図し、一九二七年六月二〇日徐州で蔣介石、胡漢民らと会談し、二一日武漢にボロディン（コミンテルン顧問）の解任とソ連への送還、共産党の駆逐、共同して北伐を行うことを要請する。これを受け、七月一五日汪精衛は武漢において分共会議を開催し、国共合作の停止を決定する。この時、武漢は調停の条件として蔣の下野に固執したため、八月一三日になって蔣は、国民革命軍総司令の職を辞し、下野を宣言せざるを得なくなる。

一九二七年九月二八日朝七時、蔣介石は腹心の部下である張羣《ちょうぐん》をはじめとする九名の同行者と共に上海港を出発し、翌二九日午後一二時四五分長崎港に着く。蔣介石一行は、長崎、小浜、雲仙、神戸、有馬、奈良、大阪、東京、箱根、日光、塩原等の景勝地をめぐり、一一月八日長崎から帰国する。この間の蔣の行動は、二〇〇六年からアメリカのスタンフォード大学フーヴァー研究所で公開されている「蔣介石日記」で明らかになる。

一般的に、訪日の目的は有馬温泉（兵庫県）に逗留していた宋美齢の母親を訪ね、美齢との再婚の許しを請うことと首相兼外相であった田中義一と会談するためであったといわれている。しかし、田中との会談は当初予定に入ってはいなかった。それが実現できるかどうかは、蔣にとっては重要な意味をもっていた。張羣は日程調整のために一〇月四日から東京入りしたが、田中との会談の約束はなかなか取れなかった。蔣は二四日の東京でのインタビューに「東上の目的は全然政治的意味ではなく、……田中首相は目下御旅行中だから面会することはできないと思う」と答えている（『東京朝日新聞』一九二七年一〇月二四日）。この時期、蔣は日本の自分を「亡命者」とする扱いに対して、強い不満を「日記」に吐露している。

ようやく蔣介石が田中首相と会えたのは、一一月五日になってからである。同日の午前は民政党の浜口雄幸総裁を訪問し、午後には田中首相を訪問し、それぞれと日中関係の今後についての会談を行っている。田中との会談の場所は官邸ではなく、青山の私邸であり、非公式であった。五日は土曜日であったが、

神戸に入った蔣介石（『神戸新聞』夕刊、1927年10月3日）

新聞紙上に発表された首相の週末日程には蔣との会談は入っておらず、その日田中は午後三時四二分東京駅発の列車で腰越《こしごえ》の別荘に行く予定であったため（『東京朝日新聞』一一月五日）、急遽実現したことが分かる。

会談には田中の側近の佐藤安之助少将と張羣が同席した。会談の内容は佐藤が記録し、「田中首相蔣介石会談録」（「帝国ノ対支外交政策関係一件〔松本記録〕」、外務省外交史料館史料。台湾国史館檔案《とうあん》史料「蔣中正総統文物」）として残されている。両者の発言を抜粋すると、次のようになる。

田中「此際としては　大局上先ず長江以南を纏めること急務なるべく　之が為には貴下の自重を必要とす」

「列強中貴国に最も利害関係を有するものは日本なり　日本は貴国の内争には一切干渉せざるべきも貴国に共産党の跋扈することは断じて傍観しがたし　此意味に於て反共主義者の貴下が南方を堅むることは日本としても大いに望む所にして……日本の利権其他を犠牲とせざる限りに於て貴下の事業に対し充分の援助を惜しまざるべし」

「……日本の張作霖に対する態度なり　世間動もすれば日本が張を助くるものの如く称道するものあれど全く事実に相違す　日本は絶対に張を助け居らず　物質は勿論助言其

他一切の援助を為し居らず　日本の願ふ所は唯満州の治安維持にあるのみ安心あり度し」

蔣「今より直ちに北伐を行ふ事を不可なりとする御高論に対しては全然同感なり　南方を堅めて而して後方を伐つべきことも亦同様なり」「自分は共産党が跋扈せば起つべし」

田中「貴下の共産観は自分の夫れと同様なりと確信しあり」

蔣「支那に排日の行はるるは日本が張作霖を助け居るものと思わざればなり……支那の国民は軍閥が日本に依頼し居るものと誤解しあり　故に日本は吾人同志を助けて革命を早く完成せしめ国民の誤解を一掃する事必要なり　而して事如此なるにては満蒙問題も容易に解決せられ排日は跡を絶つべし」

この会談は、田中の腰越行きの列車の時間を二五分遅らせ、延長して二時間以上行われた。田中は、日本滞在が延びるようなら、もう一度会談の機会を持ちたいと話して席を立った。これに対し蔣介石は張羣を東京に残留させると答えた。この会談で蔣は田中との間に一定の了解が成立したと思ったようである（家近二〇一三）。しかし、この時二人の意識には大きなずれがあり、それが「第二次、第三次山東出兵を招いた」といえる（黄二〇一二）。

上海に戻った蔣介石は、一九二八年一月四日南京で国民革命軍総司令に復帰する。四月に再開された蔣介石の第二次北伐の目的は、揚子江以北への進軍、すなわち、全国統一にあった。北京政府では、一九二七年六月に奉天派の張作霖が「中華民国陸海軍大元帥」の地位に就いていた。日本は寺内正毅内閣時代から張作霖支持を表明し、多額の借款を行う見返りに東北の大豆などを独占し、満州に対する経済的、軍事的介入を深めていた。

国民革命軍（日本では南軍と称した）は第一集団軍（蔣介石総司令、一八個軍二九万人）、第二集団軍（馮玉祥総司令、二五個軍三一万人）、第三集団軍（閻錫山総司令、一一個軍一五万人）そして第四集団軍（一六個軍九個独立師）に編成され、それぞれ分かれて北京を目指した。これを迎え撃つ奉天軍（北軍）は七つの方面軍を擁し、兵力は一〇〇万を誇った。四月八日、蔣は北伐のための総攻撃の指令を発し、第一集団軍は一〇日には山東省の台児荘を陥落させ、済南《さいなん》に進撃した。これにすばやく反応したのは、張作霖よりも日本であった。

蔣介石は北伐再開の前の三月六日、日本の新聞記者を夕食に招待して演説を行った。この時蔣は、「われわれは、日本が、あらゆる友邦諸国のうちで、国民革命の意義をもっともよく了解し、革命を妨害するようなことはしないと信じている」「このことを日本の国民と政府に、よく伝えて欲しい」と語った（『蔣介石秘録7』）。しかし、蔣の願いも空しく、田中首相は四月一九日、居留民保護の理由で第二次山東出兵を閣議決定する。そして、山東に派遣された第六師団は、四月二六日に青島を経由して済南に入る。

日本の山東出兵を知った蔣介石は、四月二〇日の「日記」に「北伐が阻止されることがあれば、党国の前途はない。我はただ恥を忍び、重荷を背負い、意志を固く持って闘うのみである」と綴っている。ここからは、蔣が北伐完成のため日本との妥協はやむを得ないと考えていたことが分かる。蔣の率いる第一集団軍は五月一日済南に到着した。その日の「日記」には、次のようにある。

「沿道には日本軍が配備され、鉄条網の後方で銃剣を光らせ、厳しい警備体制を敷いていた。わが軍隊と人民は警備線を通過することも許されなかった。このように横暴な国は、必ず滅びるであろう。われわれは堪え忍ぶしかない。日本軍の横暴に憤慨している軍民にもそのように勧告しなくてはならない」

蔣介石は、北京攻略という大目標の前で各軍に日本軍との衝突を避けることを通告する。しかし五月三日、日本軍は済南城に対して砲撃を開始し、市内でも戦闘が起きた。これが済南事件である。それを知った蔣は、「日記」に「どうして衝突が起きたか分からない」と書いている。その後、蔣は日本軍とのさらなる戦闘を避けるため泰安に退いたが、五月

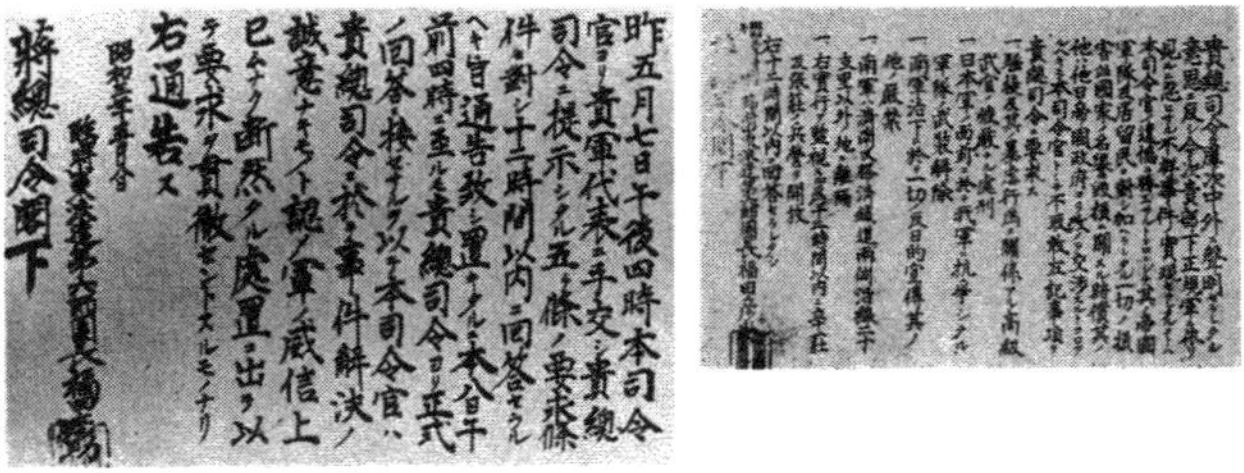
昨五月七日午後四時本司令官ヨリ貴軍代表ニ手交シ貴総司令ニ提示シタル五ヶ條ノ要求條件ニ對シ十二時間以内ニ回答セラルヘキ旨通告致シ置キタルモ本日午前四時ニ至ルモ貴総司令ヨリ正式ノ回答ヲ接セサルヲ以テ本司令官ハ貴総司令ニ於テ本事件解決ノ誠意ナキモノト認メ軍ノ威信上已ムナク断然タル處置ニ出テ以テ要求ヲ貫徹セントスルモノナリ
右通告ス
蔣総司令閣下

「五カ条の要求」（近代中国出版社編『近百年来の中日関係図録』1985）

七日第六師団長であった福田彦助は、蔣に対して「五カ条の要求」を突きつける。そこには事件に関係した「高級武官の処刑」「日本軍に抗争した軍隊の武装解除」「一切の反日的宣伝その他の厳禁」などが書かれていた（上図参照）。また、この要求が書かれたのは正午で、渡されたのが午後四時、要求への回答期限は一二時間以内という厳しいものであった。

八日から日本軍は空襲を含める総攻撃を行い、五月一一日済南を完全に占領する。これに対して蔣介石は済南を迂回して北上する方針を採ったため、全面的な戦闘は回避された。しかし、この済南事件が蔣に与えた衝撃は大きかった。五月九日の「日記」には「恥を雪《そそ》ぐ志があって、暫く我慢できない者は、匹夫の勇であり、それでは絶対に恥を雪ぐ任務を達成できない。私は人の忍ばざることを忍ばなくてはならない」とあり、一〇日には「私は日課を定めた……以後毎日六時に起き、必ず国恥紀念を行い、絶えることなく、国恥が完全に雪がれる日まで続ける」との苦衷の念が綴られている。九日から蔣は「日記」の冒頭に「雪恥」の文字を必ず書くようになる。

†張作霖爆殺事件

日本政府の張作霖に対する方針は、一九二七年時点で基本的には定まっていた。「第一次世界大戦後の日本外務省には、張作霖のような特定軍閥との関係を重視する対中国外交を刷新しようとする気運が生まれており、さらに幣原外交の登場によって、張作霖への支援策は外務省の政策として放棄される方向へ大きく進ん」でいた（宮田二〇一四）。外務省は田中首相と張が「多年親交の関係に在るは世間周知の事実である」との認識をもっていた。張との諸懸案を解決するため、「田中首相より張作霖に対して、我が方に対する横暴なる態度を注意」することが「良策」ではあるが、張がこれを受けいれない場合は、「威力を加へて其の非違を匡正するの外ない　而して其時機は奉天派の形勢非にして張作霖が関外に引き揚げる時が最も宜《よろ》しからう」という方針であった（「東方会議及び張作霖爆殺事件関係文書」）。

北伐軍が多方面から北京に迫る中、張作霖は五月一一日召電を打ち、孫伝芳、楊宇霆、張学良、張作相の北京来訪を促し、一五日大元帥府で最高軍事会議を開催した。ここでは総退陣か徹底抗戦かが話し合われた。張作霖は最後の一線まで戦うことを主張したが、他

「北京のムッソリーニ張作霖氏が八千弗の新調のユニホームを着けた」（『京都日出新聞』1928年5月28日）

の参加者は奉天への引き揚げを勧告した。しかし、その後も張は保定などで戦闘を続け、大敗したため、三〇日大元帥府で緊急会議が開かれ、張作霖の辞職および奉天軍の関外撤退が協議された（『京都日出新聞』一九二八年五月二二日、一六日、六月一日）。

張作霖は、六月二日大元帥としての最後の謁見式を行い、「退京帰奉」の途に着くことを決定し、三日午前一時一〇分北京から一八車両からなる特別列車を仕立てて奉天に向けて出発した。列車は、北京と奉天を結ぶ京奉線を天津、山海関、錦州を通過して走った。四日午前五時半、張の乗った列車は満鉄との「クロス地点老道口」に差し迫った際に爆破された（『京都日出新聞』六月三日〜五日）。現場は、京奉線が下を満鉄線が高架を走る十字に交差した場所であった。日本の新聞はおおむね「南方便衣隊」が「埋設した爆弾」が炸裂したと一斉に報じた。また、第一報では張作霖は軽傷とされた。

爆破された車両（中国・国際戦略研究基金会編『対日戦争史録――写真・記録集』1995）

中国の『中央日報』は、同行していた呉俊陞が爆死し、張作霖の生死は不明としたが、原因は日本の新聞同様「南軍便衣隊があらかじめ仕掛けていた爆弾」によると伝えた。また、「四日午後一〇時一五分、張学良が孫伝芳と第三第四方面軍団司令部列車で北京を出発して奉天に向かった」と伝えたが、張作霖の容体は「死亡説が最も有力であろう」とした（六月五日・六日）。この報道からすると、張学良は爆発事件が起きたその日のうちに奉天に向かったことになる。

†事件の真相

この事件の真相は、これまでの研究でほとんどの部分が明らかになっており、関東軍高級参謀であった「河本《かわもと》大作首謀説」は、本人の手記

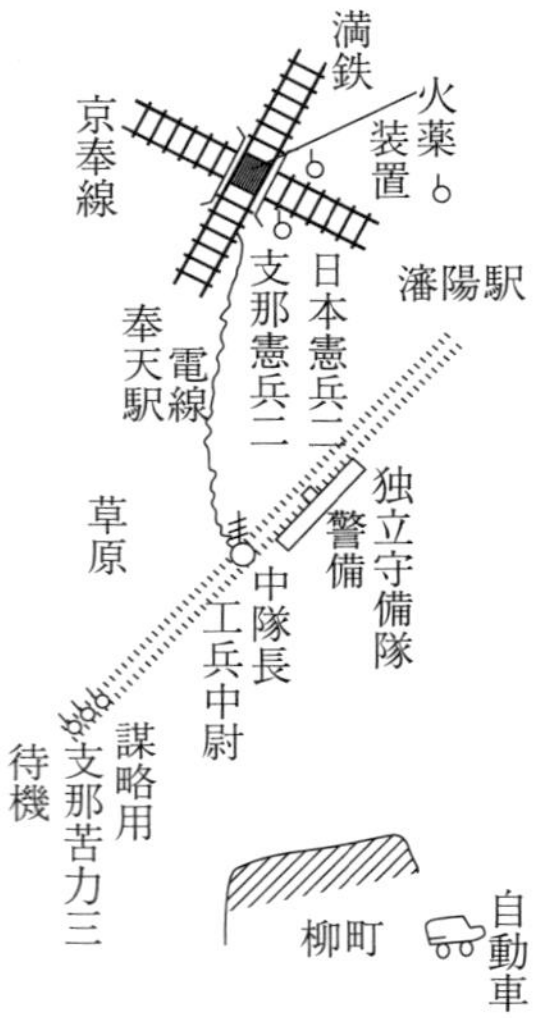

現場の略図（川越守二のイラストをもとに作成）

（「私が張作霖を殺した（河本手記）」『文藝春秋』昭和二九年一二月号）と河本の補助役となった関東軍参謀部の川越守二の手記（「張作霖爆死事件」）によって動かしがたいものになっている。川越によると、「東方会議の結果、陸軍大臣の張作霖一辺倒の態度、外務省の無能力、満鉄幹部の消極的態度等より判断して、満蒙の諸懸案を解決して、日本人の発展、シナ住民の幸福をもたらし、満蒙を楽土たらしむる為には張作霖殺害より外に策なく、関東軍が正当な計劃の下に、軍司令官、河本大作、又私が責任を負ふて実施する外策なしと決意するに至った。此の決心は、私が関東軍着任早々（一九二七年八月――筆者注）から始まっていた」（「張作霖爆死事件」）。河本が鉄橋に六月二日の夜爆弾を仕掛けた後、旅順に戻り、爆弾のスイッチは川越の一派が押した。

蔣介石の日記にあるように、当時爆弾は地雷のように線路に埋められていたと思われた。しかし、現場の写真（前頁）からは京奉線の線路は無傷で列車の上部と満鉄線の陸橋が吹き飛んでいることが分かる。「満州某重大事件」といわれた事件の真相は田中首相も早くからつかんでおり、公表を試みたが、反対にあってかなわなかった。一九二八年一二月二四日、田中は天皇に事件の概要を報告した。また、翌年の三月二七日白川陸相が事件について天皇に報告した。この時、白川は「河本大作単独の発意による事件」であり、「公表すると国家に不利になるので公表はしない」という方針を示したのである(古川二〇一一)。

†張学良と蔣介石の接近

ところで、前述の通り張学良は事件当日に奉天に向かっており、父の死をすぐに知ったはずだ。しかし一九九二年一月の台北でのインタビューにおいても、張学良は、一二、三日後にはじめて父の死を知ったと述べている(富永二〇一四)。

日本の外務省記録によると、張学良は五日夜奉天に戻り、父親の死を確認した後、六日奉天に支社を置く報道関係を集めて、張作霖の「死亡報道したるものは死刑」にする旨を通達した(「東方会議及び張作霖爆殺事件関係文書」)。そのため、生死情報はその後錯綜し、新聞報道が二転三転することになる。その後、学良は河北省に向かい、再び奉天に戻る。

爆破事件をその日のうちに知った蔣介石は、六月四日の「日記」に「張作霖が奉天駅の爆発で傷つき、命を亡くした」と書いている。また、五日には「昨夜張作霖が奉天皇姑屯

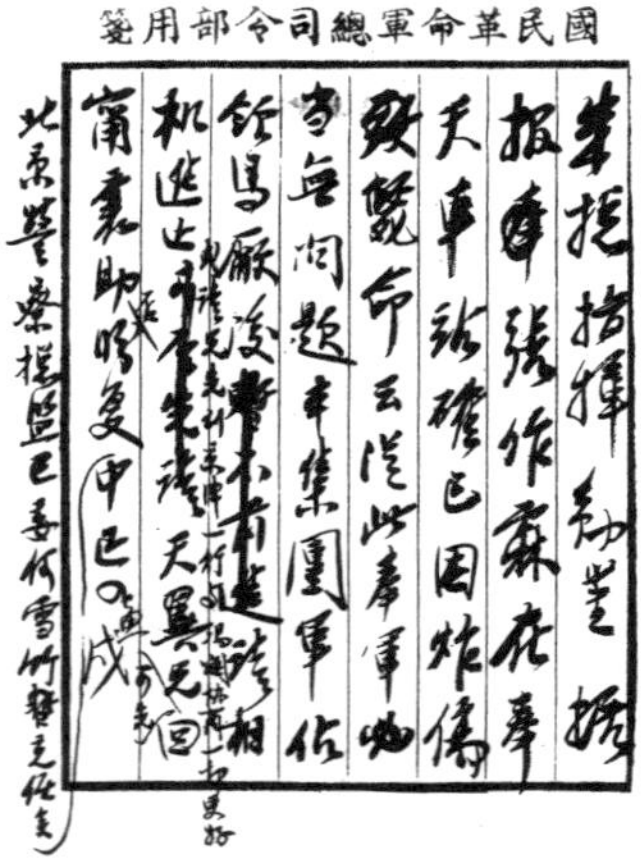

朱培徳に張作霖爆死を伝えた電文（「蔣中正総統文物」革命文献１――北伐史料）

で日本国東軍（関東軍――筆者注）の埋めた地雷の爆発で負傷し、命を失った」と知ることとなる。蔣は当初から関東軍の仕業であることを見抜くと同時に、死亡の確認も極めて早かったといえる。また、六日は朱培徳に電報を打ち、張作霖の爆死と北京警察総監に何成濬《かせいしゅん》を任命したことを伝えた（「蔣中正総統文物」上図）。何成濬は学良と極めて親しかった人物で、学良との交渉役になった。学良は蔣介石と和平交渉を成立させた後、六月一九日になって張作霖の死を公表したという推論が成り立つ。

北伐軍は六月七日、張作霖不在の北京に無血入城し、北伐の完成を宣言する。一二月二九日張学良は、三民主義の遵法と国民政府への服従を表明して「易幟《えきし》（国民政府の旗である青天白日満地紅旗を掲げること）」を行い、蔣介石は全国統一を完成させた。

しかし学良と蔣介石が、事件直後に和平交渉を成立させていたとすれば、蔣介石の全国統一は六月七日にすでに達せられていたことになる。

この学良の国民政府への参加による中国の国民国家形成の可能性が、満蒙を切り離すことを企図していた日本にとって、満蒙支配の危機と映ったことは当然であった。

さらに詳しく知るための参考文献

基本的史料

「蔣介石日記」スタンフォード大学フーヴァー研究所（Stanford University Hoover Institution）……蔣介石の遺族によって、フーヴァー研究所に預けられている。二〇〇六年三月から公開が開始され、二〇〇九年七月すべての「日記」（一九一七年〜七二年七月二一日）の公開が完了した。一九一七年以前は、回憶の形でまとめられている。

「蔣中正総統文物」（「総統副総統文物」台湾国史館）……台湾における檔案史料は、主に国史館、中央研究院近代史研究所に保管され、デジタル化が進み、一般公開されるようになった。国史館には「総統副総統文物」と「一般史料檔案」が所蔵されている。「総統副総統文物」には、「蔣中正総統文物」「蔣経国総統文物」「厳家淦総統文物」「李登輝総統文物」「陳誠副総統文物」「謝閔副総統文物」がある。また、「一般史料檔案」には、「国民政府檔案」「資源委員会檔案」「台湾省政府地政処檔案」「外交部檔案」「閻錫山史料」「汪兆銘史料」が収録されている。

外務省「東方会議及び張作霖爆殺事件関係文書」（防衛研究所戦史室）……東方会議記録と「張作霖爆殺事件」関連の外交史料館史料をまとめたもの。

河本大作「私が張作霖を殺した」［河本手記］（『文藝春秋』昭和二九年一二月号）……河本の名前で出されているが、義弟（妻の弟・平野零児）が口述筆記したものを元に執筆したもの。

川越守二「張作霖爆死事件」（防衛研究所戦史室）……河本大作の補助役となった関東軍参謀部付であった川越が一九六二年に執筆した事件の回憶。

『蔣介石秘録7・8』（サンケイ新聞社、一九七六）……蔣介石が存命中にまとめられた全一五巻にわたる記憶と記録。中国近現代史の基本文献。「蔣介石日記」が随所で使用されている。

『京都日出新聞』……管見の限り、当時日本で発行されていた新聞の中で、最も詳細に張作霖爆殺事件を報道している。北京と奉天に特派員を派遣し、外電に依らない報道を行っている。

『晨報』『中央日報（上海版）』……中国国民党の機関紙。

文献・論文

西村成雄『張学良』（岩波書店、一九九六）……張学良の生涯を描いた。満州と日本、国民政府との関係も分析している。日本によって父親と故郷を失った学良の対日観が明らかにされている。

北岡伸一『日本の近代5　政党から軍部へ』（中央公論新社、一九九九）……一九二〇年代の日本の大陸政策が明らかにされている。

秦郁彦「張作霖爆殺事件の再考察」『政経研究』第四四巻第一号（日本大学法学会、二〇〇七）……旧ソ連のKGB謀略説に対する反論。研究史のまとめ。河本首謀説の再確認と再構築を実証的に行っている。

古川隆久『昭和天皇――「理性の君主」の孤独』（中公新書、二〇一一）……近年公開された側近たちの日記・メモなどの一次史料を用い、昭和天皇の思想を明らかにした。

黄自進『蔣介石と日本――友と敵とのはざまで』（武田ランダムハウスジャパン、二〇一一）……「蔣介石日記」や台湾の檔案史料を用い、蔣介石の生涯にわたる対日観を分析した。

富永孝子『国と世紀を変えた愛』（角川書店、二〇一四）……著者自身が張学良とインタビューした内容を中心に張学良の生涯を描いた。宋美齢と張学良との関係が明らかにされている。

宮田昌明『英米世界秩序と東アジアにおける日本』（錦正社、二〇一四）……近代における日本の東アジア戦略を国際的視点から解明した大作。

北岡伸一・歩平編『日中歴史共同研究報告書』第二巻——近現代史篇（勉誠出版、二〇一四）……二〇〇六年一二月から開始された日中歴史共同研究の成果報告書。日中間の歴史に関する論点・争点が明らかになっている。

家近亮子『蔣介石と南京国民政府』（慶應義塾大学出版会、二〇〇二）……南京国民政府の成立過程（孫文革命から北伐完成）から内戦までを蔣介石の権力掌握過程とその構造を中心に分析した。

家近亮子「蔣介石の一九二七年秋の日本訪問——『蔣介石日記』と日本の新聞報道による分析」山田辰雄・松重充浩編『蔣介石研究——政治・戦争・日本』（東方書店、二〇一三）……蔣介石の日本訪問を「日記」と日本の各地方紙（『東京朝日新聞』『長崎新聞』『神戸新聞』『神戸又新日報』『大阪朝日新聞』『下野新聞』など）の密着取材記事を中心に再構築した。

第4講
ロンドン海軍軍縮条約と宮中・政党・海軍

畑野 勇

†ロンドン条約問題への歴史的評価をめぐって

一九三〇(昭和五)年一月、海軍補助艦制限のためのロンドン海軍軍縮会議が招集された。このロンドン軍縮会議問題への日本の対応をめぐる政治過程は、ほぼ解明し尽くされた感がある。まず政治史分野では伊藤隆による『昭和初期政治史研究』(一九六九)が、この問題への対応をめぐる諸政治集団間の提携・対抗を詳細に分析した先駆的な業績といえる。外交史分野では当該部分の『日本外交文書』の刊行が完結している。その後も、当時の首相であった浜口雄幸の日記をはじめ新史料の発掘などが続いている。

またこれらの文献や史資料を基盤とする学術研究の進展は、海軍史・条約史、天皇や宮中、枢密院の動向など多岐にわたる。これらの成果を取り入れてクロノロジカルな叙述を行った、関静雄による『ロンドン海軍条約成立史』(二〇〇九)は、近年入手しうる代表的な通史といえる。

ではそれらの研究は、この問題についてどのような歴史的評価を行っているだろうか。まず挙げられるのは、ロンドン軍縮条約問題が、はじめ条約締結反対派による政府批判だったものが、やがてそのような個別の政策を超えて、対英米協調外交・軍縮体制・統帥権問題など、広範にわたるものとなったというものである。つまりワシントン体制・政党政治の崩壊の起点あるいは遠因としてとらえる見方が一般的である。ただしその具体的な過程については、一般には必ずしも明瞭なものとはいえない。そこでまず、これまでの研究において明らかになっている一連の経緯の概要を確認したい。

†全権のロンドン派遣から条約批准までの過程

一九二九（昭和四）年七月に成立した浜口民政党内閣は、ロンドン海軍軍縮会議への日本の参加を決定し、若槻礼次郎元首相を首席全権に、財部《たからべ》彪《たけし》海相を全権としてロンドンに派遣した。留守中の海相事務管理は浜口首相が兼任した。このとき日本海軍は三大原則として、①補助艦の総括比率は対米七割、②大型巡洋艦（排水量一万トン以下、八インチ砲搭載）の保有量は対米七割、③潜水艦は現有勢力維持（保有量七万八〇〇〇トン）を目標としてかかげた。

翌三〇年三月一五日、ロンドンの若槻から「松平・リード案」と呼ばれた日米妥協案で締結を望む旨の請訓《せいくん》が届いた。その骨子は、日本の対米比率が補助艦総括合計トン数で六割九分七厘五毛、大型巡洋艦（重巡洋艦）で六割二厘三毛、軽巡洋艦および駆逐艦で七割、潜水艦は対等（保有量五万二七〇〇トン）というものであった。日本海軍にとっては、目標の三大原則の兵力量をやや下回るものであり、海軍省の山梨勝之進次官や堀悌吉軍務局長などは、「国家大局上から受諾やむなし」との考えであった。しかし軍令部の加藤寛治部長、末次信正次長らは三大原則を一歩も譲るべからずとの立場であった。

三月二七日、浜口首相は昭和天皇に拝謁し、「世界の平和の為め早く纏《まと》める様努力せよ」との発言を受けて侍従長とも懇談、締結への不退転の決意を固めた。一方、加藤軍令部長は、三一日に反対の上奏を決意した。しかし鈴木貫太郎侍従長（予備役海軍大将）は、軍令部と政府の上奏が異なる場合に天皇が一方の側に立たされることを憂慮して、政府上奏前の上奏中止を勧告し、加藤はそれをいったん受け入れた。

四月一日、浜口は閣議前に軍事参議官岡田啓介大将、加藤軍令部長、山梨次官の海軍首脳を招き、条約調印への海軍側の理解を求めた。これに対して岡田は、海軍を代表して回訓案の閣議提出を認めた。この時加藤は「用兵作戦上からは米国案にては困ります……用兵作戦の上からは……」と発言したにとどまった。閣議では回訓案の決定とともに、海軍の求めに応じて、不足する兵力の補充に努めることが了承された。翌二日には、再度の願い出による加藤軍令部長の上奏がなされたが、その内容は「米国の提案は、帝国海軍の作戦上重大なる欠陥を生ずる恐るべき内容を包蔵するものであるから、慎重審議を要する」というものだった。また加藤軍令部長も末次次長も、これに先立つ三月二六日に「海軍今後の方針」が部内で決定されるに際し、兵力量は政府が決定するものであることを承認している。さらに当時の海軍の二大長老であった東郷平八郎元帥と伏見宮博恭王大将も、政府回訓の決定後は「政府がいったん決定した以上、それに従うべき」という旨言明していた。以上、四月一日の政府回訓案の決定前後において、軍令部をはじめ条約反対派が主張したのは「国防兵力量の不足」という点であって、統帥権《とうすいけん》を問題視する動きはまったくなかったのである。

✝統帥権干犯問題の発生から条約批准に至るまでの過程

政府は一九三〇年四月二〇日にロンドンの全権宛に回訓し、これを受けて二二日にロンドン軍縮条約は調印され、さきの日米妥協案を基本として日英米間での軍縮条約が締結された。条約の有効期間はワシントン軍縮条約と同じく三六年の末日まで、あわせてワシントン軍縮条約において定められた主力艦（戦艦・巡洋戦艦）の代艦建造時期も、同日まで延長することとされた。ところが四月二二日に第五八特別議会が開会され、当時の野党政友会が倒閣の手段として統帥権干犯《かんぱん》論を唱えて政府を追及しはじめると、この問題が一大政争に発展していった。

そもそも統帥権とは軍隊の作戦・用兵権などを指し、大日本帝国憲法第一一条で天皇大権に属していた。それは陸海軍の統帥機関（陸軍参謀本部・海軍軍令部）の補佐のもとに発動され、政府も介入できない慣行になっていたのである。しかし兵力量の決定については、憲法第一二条にあるように、いわゆる天皇の編制大権に含まれ、内閣（国務大臣）の輔弼《ほひつ》事項といえた。ここで軍縮条約反対派は統帥権を拡大解釈し、兵力量の決定も統帥権と深く関係するものとして、「政府が軍令部長を無視し、または軍令部長の同意を得ずして回訓を決定したのは統帥権干犯である」と攻撃したのである。この動きに応じて加藤軍令部長は態度を急変し、政府による今

ロンドン軍縮条約の批准成立をラジオ放送する浜口首相。日米英首脳が1930年10月28日、8分間同時放送し世界の注目を集めた（『図説日本海軍』河出書房新社、1997）

回の回訓決定が統帥権の干犯であると主張し、「兵力量問題は末である、統帥権の問題が大事である」というようになった。また東郷や伏見宮の態度も硬化して条約の破棄を主張するようになった。

このとき野党であった政友会の行動が、政党政治没落の途《みち》を自らひらいたものと後世批判の的となった。当時の政友会にとっては、民政党内閣打倒のためには軍部や枢密院のように、閣外にあって政府に打撃を与えうる機構や集団と結びつき、あるいはそれらの勢力と政府との対立を利用することが必要と考えたのであった。元老西園寺公望の秘書的存在であった原田熊雄はその日記に、「加藤軍令部長の強硬な言動の背後には末次次長、その背後には枢密院の平沼騏一郎がいる」と述べているが、政友会の最大会派を率いていた鈴木喜三郎や幹事長の森恪《つとむ》も平沼との関係は緊密であったので、政友会が火を付けた浜口民政党内閣の倒閣運動は、広範囲にわたる勢力の連携によるものだったといえる。

政府は、当時の衆議院の大多数の議席を民政党が占めていた帝国議会を乗り切ることはできたが、条約批准に先だつ枢密院の審査が通過するか一時は危ぶまれた。が、加藤軍令部長は六月一〇日に天皇に直接辞表を提出して軍事参議官に退いた。そして海軍軍事参議官会議が条約賛成を天皇に奉答するに至り（七月二三日）、次いで浜口内閣は枢密院における審議でも一〇月一日に条約締結の諮詢《しじゅん》を決定させることに成功した。海軍部内では、辞表を提出した加藤軍令部長と財部海相の双方を更迭、末次次長と山梨次官も「喧嘩両成敗」として左遷となり、条約は一〇月二日に批准された。

†天皇と宮中が条約締結に果たした役割

条約批准の翌一一月に、浜口首相は東京駅頭で「政府が統帥権を干犯したことに憤激した」右翼の青年に狙撃され負傷、幣原喜重郎外務大臣が首相臨時代理に就任したが、内閣は翌年の四月に総辞職して浜口は八月に死去した。とはいえ、軍部内の強硬派や枢密院の抵抗を押し切り、条約締結を実現させたことは戦前日本の政党政治史における画期的な出来事であった。

では海軍軍事参議官会議や枢密院における審議で、浜口内閣の意向に沿って条約締結を実現するにあずかって力あったものは何であろうか。伊藤隆も指摘していることであるが、まず元老の西園寺、および宮中勢力（内大臣・宮内大臣・侍従長など）という、天皇の周辺にあって天皇の意思を形成した勢力の意向を挙げなければならない。とくに西園寺は、ワシントン体制の維持のため政府の姿勢に全面的な支持を表明し、また内大臣・宮内大臣・侍従長をきわめて重視して直接自己の影響下においたという。当時の侍従長は、前軍令部長として海軍の長老の一人であった鈴木貫太郎であったが、西園寺はこの鈴木や岡田、あるいは宇垣一成（当時の陸軍大臣）などの軍部実力者を通じて締結に向けた努力を怠らなかった。この西園寺の意向のもと、鈴木や岡田らが三大原則実現の有無にかかわらず条約を締結するために奔走したことが、事態の妥結に大きく影響したといえる。ただし、西園寺の影響力は宮中関係や貴族院、陸海軍の長老（岡田や斎藤実・宇垣ら）といった範囲にとどまり、たとえばかつての山県有朋のように、全政治勢力の利害が元老のもとで調整されるようなことはなかった。

さて近年の昭和戦前史研究では、天皇が政治上の重大事件の発生時にしばしば意思を表明し、その事態の推移に影響を与えたことが注目されている。このロンドン軍縮条約問題においても天皇は、早くから条約賛成の立場であり、再三再四その旨を側近や首相（前出の三月二七日の上奏時の発言など）、あるいは上奏者に対して表明していた。先に触れたように、海軍軍事参議官会議は条約締結に関する審議の結果、賛成である旨を天皇に奉答した。それは、条約への強い不満をそれまでたびたび表明していた東郷と伏見宮のうち、まず伏見宮が天皇の意向を知って条約締結賛成に転じ、次いで東郷が天皇から「元帥は凡《すべ》てに付、達観するを要す。又一九三五年の会議を拘束すべからず」という旨の言葉をかけられたことによるものであった。浜口から見れば、天皇や元老西園寺をはじめ宮中全体による、軍部や枢密院の抵抗も及ばぬ強大な支持を得ていたことになる。

浜口内閣は、海軍軍令部をはじめ多方面からの反対が予想されるにもかかわらず、この条約の締結に不退転の決意をもって臨んだ。その理由は、まずこの会議が決裂した場合に、対英米関係の悪化を引き起こすことが予想され、ひいては東アジアの国際秩序の根幹たるワシントン体制に対する、日本による正面からの挑戦と受け取られる恐れがあったためである。さらにはこの時期が、日露戦争で得た外債の借り換えの時期にあたっており、その借り換えの条件として英米の銀行団が軍縮条約の締結を望んだことによる。そして、浜口民政党内閣の政策の柱であった当時の蔵相井上準之助による財政政策と、それと密接な関係にある外相幣原喜重郎による外交政策とがいずれも、上記の点で英米との協調を必要とした。ロンドン軍縮条約へのコミットメントは、ワシントン体制の、また民政党内閣の手になる政党政治の、それぞれ重要な部分であった。

†政府の対応と基本姿勢における問題点

では、そのような国際協調体制・政党制の維持強化に向けて政府がとった施策には、いかなる評価をなしうるであろうか。後世から見て、重大な問題点がいくつも見られたことは否定し得ない。まず内閣は会議開催の当初、海軍が掲げた三大原則をそのまま採用し、ロンドンにわたった全権に交渉を行わせたが、これは伊藤隆も指摘しているように、深い考慮があっての施策とは思われない。当時の海軍省軍務局長であった堀悌吉が後年の回想（「ロンドン会議と統帥権問題」）で述べていることであるが、三大原則は海軍の長年の伝統から導かれた緻密かつ厳格なものでは全くなかった。が、かつてのワシントン会議時の経験から海軍は国内世論の支持を調達する重要性を痛感し、ロンドン会議時にはこの三大原則に関して終始さかんに宣伝を行っていた。この結果、一方では軍縮交渉における海軍の譲歩が困難になり、他方では軍縮条約の締結に対する部内の不満は著しく高まった（佐藤一九六九）。

条約開始時には、海軍側の要求をほとんどそのまま交渉内容に取り入れていた浜口内閣であるが、この原則を貫徹する見通しをもっていたとも、また、貫徹し得なかったとして後に発生した一大政争の発生を予期していたとも考えられない。たとえば幣原は当時のことを「米英を相手に会議がほとんど行き詰まったが、どうしようかという最後の請訓が来た。これは思い切って纏めるより仕方がない。海軍の連中から説明なんか聞いていたら、とても纏まりゃせん」（幣原喜重郎『外交五十年』中公文庫、二〇一五）と回想している。しかし当時の海軍省の山梨次官や堀軍務局長は、純軍事的見地から物を見ずに広い視野から判断できる人物であり、「幣原外相が海軍省部の首脳者と腹蔵なく談合を重ねたならば、軍令部の不満を和げ、その収拾にあのような紛糾をおこさなかったのではなかろうか」（『現代史資料7　満洲事変』解説より）という主張は容易に首肯できるものである。また首相の浜口は海相事務管理を兼任し、山梨海軍次官が東郷への首相の往訪説得を求めると、逆に東郷が来訪するよう要求するなど、海軍部内の反対論に概して強硬な姿勢で臨み、大いに反感を買った模様である。

さらに、統帥権干犯問題の発生以降の政府の基本方針については、原田熊雄の日記に記載が見られる。政府は「大体において、『……何等統帥大権を侵犯したものでないことは極めて明確である。』といふ結論に到達した。そこでこの問題に関する答弁の根本方針としては、一、軍令部の意見は最も尊重して斟酌《しんしゃく》した。一、議会に対する国防上の責任は政府においてこれを負ふ。一、回訓当時における内部手続上の質問、並に憲法上の論議に対しては答へる必要がない。といふ原則を立てた」という。

政府がこのように相当に強硬な姿勢で軍部や枢密院に臨んでも、先述の通り天皇や宮中が内閣の姿勢を支持したことで、条約成立という勝利をおさめることができた。が、以後の経過はそれにとどまらなかった。政党内閣が「君主の意思を独占」したという現象への反動が起こり、条約反対派の運動はやがて、政党内閣制排撃・天皇側近攻撃という、立憲君主制の変化をめぐる政治的イデオロギーの対抗へと転化した（増田一九九九）のである。

伊藤隆・佐藤誠三郎の表現を借りてやや詳しく述べると、条約反対側はイデオロギー的な視点でこの問題をとらえ、同一の方向を志向する勢力の結集に成功した。たとえば海軍の不満や危機感は、満蒙問題の深刻化にたいする陸軍の危機感と容易に「共鳴」した。海軍部内では、後に五・一五事件の中心となったグループが結集し、陸軍でも桜会が結成され、クーデターと対外武力進出とが計画されていった。また政友会主流は統帥権干犯問題を通じて軍部・枢密院等と連携した。さらに右翼諸集団も急進化が目立った。浜口内閣はロンドン軍縮条約の締結に成功したが、また同時に、軍縮に反対して強硬な対外政策と政党政治の打破（国家改造）を目指す強大な共同戦線を生み出すことになった。これに対して政府側は、内閣成立当初に打ち出した積極的イメージにもとづいて集団を結集し、さらに締結成功を〝進歩〟（筆者注――立憲政治を含む「文明」の社会へ向かう途を指す）派の勝利として定着させる姿勢に欠けており、政治的には明らかに敗北といえた。

なお筒井清忠が近年の研究（筒井二〇一二）において説得的に述べていることであるが、内閣は条約締結にあたって、天皇・宮中のほか、新聞世論（とくに政府回訓発出後における、条約締結への賛成論）にも依存した。しかしこれらの勢力は、政党にとって、これ以降も頼りになる存在では決してなかった。後年（とくに二・二六事件以降）における宮中の対軍部姿勢の弱まりや、満州事変発生以降の新聞論調の豹変は、そのことをよく証明している。

†軍縮条約の積極的価値の最大の享受者は誰か

最後に、ロンドン軍縮条約の内容が日本海軍にとって不利なものであったか否か、またそのことが当時、どのような政治勢力に知覚されていたのかを確認してみたい。条約締結論争当時に海軍艦政本部長の職にあった小林躋造《せいぞう》大将（のち台湾総督）は、回想記「倫敦軍縮会議論」のなかで、次のように観察している。まず、一九三六年の条約終了期まで、日本側は補助艦総括七割にわずか二厘五毛不足するだけで、実際に大型巡洋艦はアメリカ側の起工の遅延によって一九三五年の末まで対米七割を保有しえた。また米英両海軍も、現実には予想以上の低いトン数に抑えられた。さらに日本海軍は回訓案を認める代償として、軍備補充計画の予算を政府に約束させる利点があった。

つまりロンドン条約は必ずしも日本にとって不利な内容ではなく、まして反対派が当初唱えたような「国防上の不安」を感じさせるものではなかったことになる。しかるに当時、この日米両海軍力の均衡という情勢を認識し、かつ最大限に利用したのは、ワシントン体制の擁護者ではなく、体制への挑戦者であった。一九三一年九月に発生した満州事変の首謀者の一人であった板垣征四郎は、事変発生直前の同年五月に、陸軍内部で「国防上また産業資源の確保上、世界の大国に伍して進んでいくためには、ぜひとも満蒙をわが領土としなければならない。……この政策を行った場合、アメリカが強い干渉をする可能性があるが、わが海軍はこれを撃破する力をもっている。ロンドン条約の結果、海軍力の差は後になるほど開いていくはずだから、開戦するのなら早いほうがいい」という旨講演している。

またもう一人の首謀者であった石原莞爾《かんじ》は後年、賀屋《かや》興宣《おきのり》（のち大蔵大臣）に対して、「アメリカの強力な武力干渉あるいは外交干渉があるか否かを検討し、当時のアメリカの海軍力が（とくに巡洋艦の隻数で）著しく不足している状況にあったため、アメリカが満州問題について干渉してくることはないと判断し、事変を起こした」という旨述べている（賀屋興宣『戦前戦後八十年』経済往来社、一九七六）。満州における軍事行動は当事者以外にはまったく予想外の事件であったが、それを可能とする客観情勢が、謀略を起こした将校には明らかになっていたのであった。

ロンドン軍縮条約問題はしばしば、軍部（あるいはワシントン体制や政党制への反対勢力）の台頭の起点と評価される。たとえば、「条約締結をめぐって生じた統帥権干犯論は、幣原外交のもとでの満蒙問題の行きづまりとあいまって、軍部に深刻な危機意識を抱かせ、英米協調や政党政治を否定する思想を蔓延させた」という説明がよくなされる。

この説明自体に誤りはないであろう。ただし、軍縮条約締結をめぐる政治過程がほぼ解明された現在では、以下のような補足が必要ではないだろうか。「浜口民政党内閣は、条約締結という点では成功を収めた。しかしその過程で、軍部あるいは反対勢力に強烈な敗北感や挫折感を抱かせ、かれらを結集させてしまった。また、軍縮体制下での日米両海軍力の均衡という情勢を反対勢力に利用されて満州での軍事行動を発動する根拠を与えてしまった。したがって浜口内閣の施策には、以後の国際協調体制・政党制の維持を困難とする問題がなかったとはいえない」。

したがってロンドン軍縮条約問題についての研究は今後とも、国際秩序や国内秩序を破壊した責任者の特定や批判に止まるべきではないであろう。政党政治システムの内部で、それぞれの有力な主体における誤算や不徹底、あるいは小失敗やコミュニケーション不足の積み重ねがシステムの齟齬《そご》を招くこと、その齟齬に付け入り体制を破壊する存在の発生をもたらしうること、これらを念頭に研究を進めることの意義は、現在でもなお大きいといえる。

さらに詳しく知るための参考文献

＊本章で記した対象に関わる史資料は大量にあるが、読者に対して豊かな情報や視点を提供している文献を中心に紹介する。

日本国際政治学会が一九六三年に集成した『太平洋戦争への道』シリーズ（朝日新聞社刊）……第一巻で、ワシントン〜ロンドン軍縮条約の問題を扱っており、政府や海軍部内の動向に関する明快な説明がある。

また本文が参照した一次資料が別巻に収録されており価値は高い。

『現代史資料7　満洲事変』（みすず書房、一九六四）……岡田啓介をはじめとする当事者による貴重な一次史料を収録し、ゆきとどいた解説も付けられている。

伊藤隆『昭和初期政治史研究——ロンドン海軍軍縮問題をめぐる諸政治集団の対抗と提携』（東京大学出版会、一九六九）……上記の史資料や当事者の回想、当時の新聞や雑誌を広範囲に渉猟し生存者へのインタビューも精力的に行ったもの。政治史分野での先駆的かつ包括的な研究としてもっとも価値が高い。

佐藤誠三郎「協調と自立の間」（一九六九発表、『「死の跳躍」を越えて——西洋の衝撃と日本』都市出版、一九九四に所収）……日本政治学会誌への執筆論文。国際関係史分野における先駆的な業績といえる。

筒井清忠『昭和戦前期の政党政治——二大政党制はなぜ挫折したのか』（ちくま新書、二〇一二）……天皇や宮中、メディアのような政党外勢力の存在にも着目し、現代の劇場型政治や二大政党制の混迷の歴史的先例として戦前政党政治を取り上げ、その誕生から終焉までを描いた力作。

外務省編纂『日本外交文書　一九三〇年ロンドン海軍会議　上・下』（一九八三〜八四）……本章では割愛したが、会議時の日本全権団と各国代表との交渉に関する基本史料。

池井優、波多野勝、黒沢文貴編『濱口雄幸日記・随感録』（みすず書房、一九九一）……当時の首相が遺した一級史料。

関静雄『ロンドン海軍条約成立史——昭和動乱の序曲』（ミネルヴァ書房、二〇〇七）……近年に公表された文献の内容を集成した、現在入手しうるものとして手近、かつ包括的な記述がされている文献。
＊「立憲君主制国家の運営」という観点からの分析として以下がそれぞれ歴史的な位置づけを試みている。
増田知子『天皇制と国家——近代日本の立憲君主制』（青木書店、一九九九）
伊藤之雄『昭和天皇と立憲君主制の崩壊——睦仁・嘉仁から裕仁へ』（名古屋大学出版会、二〇〇五）

第5講 満州事変から国際連盟脱退へ

等松春夫

†日本の満州関与と一九二〇年代の満蒙情勢

満州への日本の本格的な関与は日露戦争に始まる。日露戦争の結果、一九〇五年のポーツマス講和条約で遼東半島の旅順と大連が日本の租借地となり、この地域は関東州と命名され関東都督府（一九一九年以降は関東庁）が置かれた。清朝が名目的な主権を有してはいたが、南満州に日本は鉄道経営、港湾使用、鉱山開発などの経済権益を取得し、その中核は一九〇六年に設立された半官半民の南満州鉄道株式会社（満鉄）であった（加藤聖文『満鉄全史――「国策会社」の全貌』講談社選書メチエ、二〇〇六）。これらの権益を保護するため関東都督府陸軍部が設置され、一九一九年には関東軍に改組された。後に満州事変の首謀者となる植民地軍の誕生である（中山隆志『関東軍』講談社選書メチエ、二〇〇〇）。日本の権益は一九〇五年から七年にかけてロシア、フランス、英国、米国、清朝と締結した諸条約や協定により確認され、南満州は日本の「非公式帝国」の一部となったのである。

その後、第一次世界大戦中の一九一五年に大隈重信内閣が中華民国（袁世凱の北京政権）へ行った二一カ条要求は、南満州の既得権益を維持しつつ、長城以南の中国においても権益の拡大を図るものであった（奈良岡聰智『対華二十一ヵ条要求とは何だったのか――第一次世界大戦と日中対立の原点』名古屋大学出版会、二〇一五）。日本の要求は中国ナショナリズムからの抵抗を受けたが、最後通牒を発して要求の主要部分を北京政権に受諾させた。しかしながら、この要求で日本が獲得した権益の多くは米国が主導した一九二一～二二年のワシントン会議で放棄を余儀なくされ、またこの時に締結された九カ国条約では中国における「門戸開放・機会均等・領土保全」の原則が確認された。米英仏日など中国に権益を有する列強のみならず中華民国も条約の締結国となり、九カ国条約は満州事変以降の日本の行動を掣肘《せいちゅう》する根拠となる（臼井勝美『中国をめぐる近代日本の外交』筑摩書房、一九八三）。

その後一九二〇年代半ばに中国ナショナリズムが蔣介石の率いる北伐という形で南満州に迫ると、日本では権益喪失の危機感が高まった。一九二八年一二月、満州を実効支配する軍閥の張学良（奉天政権）が易幟《えきし》を行い、満州は中華民国政府の管轄下に入った。このような満州の地位の根本的な変化に伴い、南満州の日本権益は奉天政権のみならず中国本土における排日運動の攻撃対象となっていった（西村成雄『張学良――日中の覇権と「満洲」』

岩波書店、一九九六)。

やがて満州事変の勃発に至る一九二〇年代後半から一九三〇年代前半の満州の状況は以下のように概観できよう。日本は日露戦争以来の既得権益の維持拡大を図った。中華民国は列強に奪われた権益の回収をめざし、第一の標的は日本であった。ソ連は帝政ロシア時代に獲得した中東鉄道を中心とする北満州の権益の維持を図った。日中ソの狭間ではモンゴル民族の自治・独立運動があった。そして米英仏など欧米列強は潜在的市場として、また九カ国条約(ワシントン体制)という国際秩序の一部として満州に関心を有していた。

†中ソ戦争

ところで満州事変に先立ってこの地域で発生した大規模な紛争が中ソ(奉ソ)戦争である。一九一一年の辛亥革命で清王朝が崩壊し、一九一二年に発足した中華民国も名のみで軍閥混戦の混乱が続く中、かつて清王朝の支配下にあったモンゴル民族は自治・独立の動きを見せていた。その一部はソ連の支援を得て一九二四年に外蒙古にモンゴル人民共和国を建国する。日本陸軍もまた対ソ防衛体制構築の観点から独自に内蒙古のモンゴル人への工作を行う(森久男『日本陸軍と内蒙工作――関東軍はなぜ独走したか』講談社選書メチエ、二〇〇九)。

しかしながら、清王朝の旧版図を継承する冊封《さくほう》体制的な意識を持ち、反共主義者であった蔣介石にとってモンゴル民族の分離独立とソ連や日本の傀儡化は認めがたいことであった（家近亮子『蔣介石の外交戦略と日中戦争』岩波書店、二〇一二）。また、奉天政権にとっては隣接する外蒙古にソ連の傀儡国家が誕生したことは大きな脅威であった。

このような状況のもと、張学良は易幟の翌年に蔣介石の支持も得て、ソ連と奉天政権の共同管理下にあった北満の中東鉄道の接収を試み、ソ連との間で一九二九年一一月に大規模な武力衝突が発生した。しかしながら蔣介石の中央政府軍は動かず、奉天政権とソ連の戦いは訓練と装備に優れるソ連軍の圧勝に終わり、張学良は北満の権益回収に失敗した（麻田雅文『満蒙――日露中の「最前線」』講談社選書メチエ、二〇一四）。

この経緯に強い関心を持ったのは日本陸軍とりわけ南満州の日本権益を保護する任務にあった関東軍である。中ソ戦争の顚末は近代化の進む極東ソ連軍への脅威認識を高めると同時に、中国ナショナリズムに対して南満州の既得権益を武力で維持する可能性と必要性を関東軍に自覚させたことは疑いがない（種稲秀司『近代日本外交と「死活的利益」――第二次幣原外交と太平洋戦争への序曲』芙蓉書房出版、二〇一四。拙稿「中ソ戦争と日本」『昭和史講義2』も参照）。

†満州事変への道

一九二九年一〇月のウォール街における株価の大暴落をきっかけに世界大恐慌が始まり、

日本も深刻な不況に陥った。満州事変はこの経済危機と切り離して考えることはできない。

満州事変勃発直前の対中外交は、若槻礼次郎内閣の幣原喜重郎外務大臣が主導する協調的な性格のもの（幣原外交）であった。しかし幣原外交は日本が日露戦争以来合法的に獲得した諸権益を放棄するものではなく、欧米列強との協調のもと、中華民国政府との交渉を通して既得権益を維持しようとしていた。しかしながら、北伐の成功以後、性急な権益回収をめざす中華民国との交渉は暗礁に乗り上げ、日貨排斥や排日運動の激化の前に、さしもの幣原外相も日中交渉が「堅実に行き詰る」（重光葵『外交回想録』中公文庫、二〇一一）のを待つ状況であった。とりわけ奉天政権が推進していた満鉄併行線の敷設は、日本に大きな不安を与えた（臼井勝美『満州事変』中公新書、一九七四）。

このような手詰まり状態は不況に苦しむ国内世論を硬化させ、ようやく根付いたかに見えた政党政治も世論を善導するよりは世論に迎合する悪弊に陥る（筒井清忠『昭和戦前期の政党政治――二大政党制はなぜ挫折したのか』ちくま新書、二〇一二）。一九三一年一月二三日、第五九帝国議会において政友会所属の衆議院議員、松岡洋右《ようすけ》は幣原外相を詰問した。外務省出身で満鉄の副総裁を経て政界入りした松岡は、幣原の対中協調外交に批判的で、議会演説で松岡が使用した「満蒙は日本の生命線」という言葉が大流行した。そして追い打ちをかけるかのように起きた中村大尉事件（一九三一年六月、大興安嶺地域を調査中の中村震太郎陸軍大尉らが奉天政権軍に殺害された事件）や万宝山事件（一九三一年七月、朝鮮人農民の万宝山地域への入植をめぐる中国人農民と朝鮮人農民の衝突事件）といった日中間の軋轢は「満蒙は日本の生命線」というスローガンに説得力を与える結果を招いた。

中華民国の革命外交と奉天政権の対日強硬政策への危機感は、満州地域に住む日本人居留民と満鉄、関東軍の間ではなお一層強かった。こうした日本国内の対中強硬世論を背景にして関東軍独自の中国への実力行使の計画が作られていった。

この計画の立案者が関東軍参謀であった石原莞爾《かんじ》中佐である。欧米の軍事理論に精通する一方、田中智学が創立した日蓮主義を奉じる国柱会の熱心な会員でもあった石原は、ナポレオン戦争から第一次世界大戦までの歴史を研究して独特の戦争観を作り上げた。それは仏滅後二五〇〇年（二〇一四または二〇三八年）までに東洋文明の代表である日本と西洋文明の代表である米国が雌雄を決する世界最終戦争を戦うので、それまでに日本は充分に国力を培養する必要があり、その第一歩として資源供給地としての満州を日本が確保すべきというのである（石原莞爾『最終戦争論』中公文庫、二〇〇一）。

一九三一年当時、条約に基づいて関東州および満鉄付属地に駐留が認められていた関東軍の戦力は約一万であった。それに対する張学良軍は警察部隊を含めれば約四五万の大兵力であった。易幟以来、形式上は中華民国の国軍であったが実態は張学良の私兵であり、装備、訓練、政治的忠誠心において黄埔軍官学校出身者を中核とする中華民国の中央政府直系軍に及ばなかった。とはいえ、関東軍は四〇倍以上の張学良軍を相手にせねばならず、石原は徹底した先制奇襲に基づく作戦を立案した。

†満州事変と「満州国」の建国

一九三一年九月一八日夜、関東軍は自らの手で奉天近郊の柳条湖で満鉄の線路を爆破し、治安回復の名目で軍を動員して奉天政権軍の本拠地であった北大営をたちまち占領した。引き続く進攻作戦により南満州のみならず満州全域が年末までに関東軍および増援として派遣された朝鮮軍部隊により占領された。この成功は石原の立てた綿密な作戦、奉天政権の油断、五カ年計画が未完で対日軍備が整っていなかったソ連が北満への介入を控えたこと、世界大恐慌後の経済再建に忙殺されていた欧米列強に介入の余裕がなかったこと、そして国内整備と対共産党鎮圧作戦を優先した蔣介石の非抵抗政策(安内攘外《あんないじょうがい》)が重なった結果であった(鹿錫俊『中国国民政府の対日政策 1931−1933』東京大学出版会、二〇〇一)。奉天政権軍は数的優勢にもかかわらず、蔣介石の指示で本格的な抵抗をせずに長城線の南に脱出した。

関東軍は満州の占領地の帰順勢力を糾合して「東北行政委員会」を組織し、この委員会

1932年３月９日、満州国執政への就任式に臨む溥儀（左）

を土台として一九三二年三月一日、新国家「満州国」の建国を宣言した。特務機関を使って天津から脱出させた清朝最後の皇帝、愛新覚羅《あいしんかくら》溥儀《ふぎ》を新国家の執政（一九三四年以降は皇帝）に据え、清朝発足の地に自発的な独立運動があり、関東軍がそれを支持したとの体裁を作り上げた。さしもの関東軍でも直接併合を主張できなかったのは、第一次世界大戦後の「領土非併合」「民族自決」の世界的風潮を慮ったからと考えられる。

満州国の建国において用いられた論理は以下のようなものである。第一に、満州はかつての清帝国の辺境に位置しており、中華民国の不可分の領土とは言えない。満州は一七世紀前半に満州から発した女真族（満州族）が長城以南の中国本土を征服して清王朝を築いたとき初めて中国の一部となった。第二に、満州は中国、モンゴル人民共和国（ソ連の衛星国）、ソ連との間の緩衝地帯として日本の安全保障上重要な地域、すなわち日本の「生命線」なので確保せねばならない。第三に、多種多様な民族構成は中華民国が一方的に満州への主権を主張する根拠にならない。一九三〇年代初頭までに満州地域の住民の八〇パーセント以上が漢族になっていたとはいえ、この地域は元来満州族の故地であり、満州人、モンゴル人、朝鮮人、ロシア人、日本人が長期間にわたって居住してきた（塚瀬進『満洲国――「民族協和」の実像』吉川弘文館、一九九八）。この現実は「五族協和の王道楽土・満州国」との主張の根拠に利用された。さらに満州住民の多くが張学良の圧政を嫌う一方、中華民国の中央政府に対し不信感を持ち、関東軍の満州占領にも反発していた。満蒙独立運動の実態は論議されるところであるが（中見二〇一三）、多様な自治運動も生じていた（澁谷二〇〇八）。

†国際的反響と「リットン報告書」

関東軍の満州占領への国際的反響はさまざまであった。中国の革命外交による在華権益の損失に反発していた英国、フランス、ドイツ、イタリア等の大国は当初は日本の「自衛行動」に一定の理解を示した。しかし、柳条湖事件における関東軍の謀略の疑惑が広がり、日本が「自衛行動」の範囲をはるかに超えた軍事行動を継続し、さらには満州国の建国を宣言すると列国の対日姿勢は硬化した（臼井一九九五）。中でも米国の対日姿勢は強硬で、一九三二年一月、ハーバート・フーヴァー政権のヘンリー・スティムソン国務長官は九カ国条約や不戦条約に違反した既成事実の積み重ねによる現状の変更を認めないという宣言（スティムソン・ドクトリン）を発表し、以後これが米国の対日政策の基礎となる（高光佳絵「1930年代におけるアメリカの中国認識と対日政策」杉田米行編『アメリカ外交の分析――歴史的展開と現状分析』大学教育出版、二〇〇八）。また、国際連盟においては大国の専横を危惧するベルギー、オランダ、チェコスロヴァキア、スペイン等の中小国が日本の行動に批判的であった（篠原二〇一〇、ソーン一九九四）。

このような状況の下、中華民国政府は国際連盟に日本の行動を連盟規約違反として提訴し、連盟は真相究明のための調査団を派遣した。調査団は英国の元ベンガル総督ヴィクター・ブルワー＝リットン伯爵を団長とし、連盟理事国のフランス、イタリア、ドイツおよび加盟国ではないがオブザーバーとして米国の代表を加えた五名で構成され、委員はすべて植民地問題の専門家であった。このリットン調査団の活動の模様はハインリッヒ・シュネー（ドイツ代表）により詳細に記録されている（ハインリッヒ・シュネー『「満州国」見聞記――リットン調査団同行記』金森誠也訳、講談社学術文庫、二〇〇二）。調査団は一九三二年春から三カ月にわたり中国、日本、満州を訪問調査し、一九三二年一〇月初めに報告書を公表した。「日支紛争に関する国際連盟調査委員会の報告」（以下「リットン報告書」と略）の内容を要約すると以下のようになる。①中国の行動は日本の合法的権益を侵害していたが、②日本の行動は自衛の範囲をはるかに超えている。したがって③満州国の建国は法的にも政治的にも疑問がある。そこで④日本、中国、ソ連は不可侵協定を結んで満州から兵力を撤収し、⑤連盟の主導の下で満州を暫定的に国際管理下に置く（完全復刻・国際聯盟協会編『リットン報告書』角川学芸出版、二〇〇六）。

1932年２月29日、犬養毅首相（前列中央）を訪問したリットン調査団一行。前列左がブルワー＝リットン委員長、中列左がシュネー（共同通信社提供）

「リットン報告書」の構想には国際連盟規約第二二条に規定された委任統治制度、連盟がヨーロッパで実施していたザールラントとダンチヒの国際管理などの経験が盛り込まれていた。そして中国側は満州の国際管理が恒久的にならないような安全措置（比較的近い将来における住民投票の実施）を加えることを条件に、この提案を受け入れる準備があった（等松二〇〇一）。そして、現在の国連の平和維持軍に類似した組織による満州地域の治安維持策が青写真として存在していた（等松春夫「一九三二年未発の「満州ＰＫＦ」——リットン報告書にみられる特別憲兵隊構想」軍事史学会編『再考・満洲事変』錦正社、二〇〇一）。中国の主権と日本の権益に配慮しつつ、連盟の権威の保持も図るという「一石三鳥」の内容であったが、リットン構想の成否は日本がこれを受け入れるかどうかにかかっていた。

†満州事変の終結

ところで、一九三二年三月の満州国建国宣言からリットン報告書が公表される一〇月までの半年間、日本の外務省はイラクやパナマなど比較的最近における国家の建設と承認の事例を調査している。また満州事変を引き起こした当の日本陸軍でさえも、当初は満州国建国に対して慎重な姿勢をとり、事変勃発直後に既に国際連盟との関係悪化が日本の国際的地位にいかなる影響を与えうるかを調査していた（等松二〇〇一）。しかしながら、奉天政権の満州からの排除に成功し、危惧されていたソ連軍の介入の可能性もなくなり、米国もスティムソン・ドクトリンのような道徳的非難以上のことは行えないことが明らかになると、日本陸軍は満州国の建国育成に急速に傾斜していった。慎重であった日本政府の外交政策もまた満州国の維持に固まっていった。一九三二年八月二五日、第六三帝国議会における演説で斎藤実《まこと》内閣の内田康哉外務大臣は「たとえ日本が焦土となっても満州の権益を守り抜く」決意を表明し、「焦土外交」と呼ばれた（前掲臼井一九七四）。

こうして一九三二年九月一五日に日本政府は満州国を正式に承認し、日満議定書を締結した。この議定書により日本政府は満州国政府に日本の既得権益を承認させると共に、満州国の防衛のため関東軍を国内に常駐させることとなった。そして満州国は多数の日本人官僚や技術者を政府機関に雇用した。各機関の名目上の長は漢人や満人やモンゴル人が占めても実権は日系官僚が掌握し、満州国は事実上、日本の保護国となっていった。以後は満州国の存在を否定する「リットン報告書」に基づく解決策を受け入れることは、日本の威信と国益の維持に反するという風潮が日本国内に浸透していったのである。

その後、満州国の南部と西部の国境を安定させるために関東軍は一九三三年一月から三月にかけて熱河省で張学良軍と交戦してこれを駆逐し（熱河作戦）、さらに五月には万里の長城に沿って反撃する中華民国軍を撃退して長城線を越え河北省に侵入した（関内作戦）。その後五月三一日に日中両軍の間で塘沽停戦協定が結ばれ、関東軍は長城線の北に撤退し、満州国の南の国境が確定した（内田尚孝『華北事変の研究――塘沽停戦協定と華北危機下の日中関係　一九三二～一九三五年』汲古書院、二〇〇六）。この一九三三年五月三一日の塘沽停戦協定の締結をもって、満州事変は事実上終結した。日本と平和条約を締結することは、満州国の存在を法的に承認することとなり、対日強硬論が沸騰しつつあった国民党内および国内世論を配慮すると、蔣介石にはまったく取りえない選択肢であった。しかし、現地軍の間の「停戦協定」であれば、あくまでも暫定的な措置であり、満州の帰属問題は棚上げして将来に回収の余地を残すことができたのである（前掲鹿二〇〇一）。

†連盟脱退とその後の満州国

日中両軍が熱河省で衝突していた頃、ジュネーヴの国際連盟を舞台に満州国の存否をめぐる外交戦が繰り広げられていた。日本では政府も世論も大勢は満州国の存在が認められなければ連盟からの脱退もやむなし、に傾いていった（臼井一九九五）。一九三三年二月二四日の特別総会において、「リットン報告書」に基づいて作成された「日中紛争に関する国際連盟特別総会報告書」の採択が審議に付された。同報告書は満州国の独立を否認し、中国の領土保全を約した九カ国条約の原則に基づいて、日本の既得権益を保障することを勧告した内容であった。採択の結果は賛成四二、反対一、棄権一であった。

このとき特別総会に出席した日本全権はかつて幣原外交を批判していた松岡洋右である。松岡は政府からの訓令に基づき日本の連盟脱退を述べた後、議場から退場した。松岡は実はこの決定を悔いていた。脱退が日本の国際的孤立を招くことを危惧する「最後の元老」西園寺公望に、日本を発つ前の松岡は脱退の回避に努めると約束していたのである。ところが帰国した松岡を日本の世論は熱烈に歓迎した（三輪公忠『松岡洋右――その人間と外交』中公新書、一九七一）。連盟との訣別をめぐる松岡と世論の乖離は政党政治の規範が成熟していない段階における大衆民主主義の危険を示していたといえよう（前掲筒井二〇一二）。

特別総会から約一カ月後の一九三三年三月二七日、日本政府は正式に連盟理事会に対し脱退通告を行った。ただし、通告から二年間は加盟国としての義務を遂行する規定があり、日本の脱退が発効するのは一九三五年三月二七日である。

関東軍が介入を恐れたソ連は満州国を正式承認はしなかったが、一九三五年三月二三日に中東鉄道を満州国へ売却して北満から勢力を撤収し、ソ連領内の数カ所に満州国の領事館設置を認めた（麻田二〇一二）。満州国の治安は比較的短期間で確立され、一九三六年頃までに抗日活動の大半が鎮圧された。ソ連の五カ年計画に倣った経済建設の四カ年計画が日系官僚たちによって推進され、一九四三年頃までに日本本土を除けば満州国は東アジアにおいて最も工業化が進んだ地域になっていた。治安の確立と経済発展を国家成立の重要な条件とするならば、満州国はそれらの要件をかなりの程度充たしたと言えよう。国籍法も作らないまま「五族協和」を掲げ、日本人の特権が温存された満州国の実態（浅野豊美

『帝国日本の植民地法制――法域統合と帝国秩序』名古屋大学出版会、二〇〇八）が、果たして真正の国家の名に値するかどうかは大いに疑問であったが（山室信一『キメラ――満洲国の肖像 増補版』中央公論新社、二〇〇四）、一九四一年までに一六の国家が満州国を承認した。

連盟脱退で懸念された国際連盟規約第二二条に基づく日本のミクロネシア（南洋群島）委任統治への影響も実質的になく（等松春夫『日本帝国と委任統治――南洋群島をめぐる国際政治 1914－1947』名古屋大学出版会、二〇一一）、アヘン取り締まりへの協力や、常設国際司法裁判所への判事の派遣など脱退後も日本と国際連盟の協力関係は継続された（神山晃令「日本の国際連盟脱退と常設国際司法裁判所との関係について」外務省『外交史料館報』第六号、一九九三）。

全会一致でなければ加盟国に対して強制措置をとることができない国際連盟における理事国日本の立場は強力であった。一九三三年二月の特別総会における不利な投票結果にもかかわらず、中国の提議による国際連盟規約第一六条に基づく対日経済制裁の発動は不発に終わった（海野芳郎『国際連盟と日本』原書房、一九七二）。外務省の顧問であった著名な国際法学者、立《たち》作太郎東京帝国大学教授は、国際連盟が行えることは強制力のない「勧告」に過ぎず、主要大国が満州をめぐる日中対立に介入しなかったことを見れば、日本は頬かむりをして「リットン報告書」を無視したまま連盟に留まり続ければよいと主張していた（立作太郎『国際聯盟規約論』国際聯盟協会、一九三二）。立が述べるように、日本には連盟から脱退せずに満州国を維持したまま一定の国際協調を図るという選択もあり得た（井上寿一「国際連盟脱退と国際協調主義」『一橋論叢』九四巻一号、一九八五年九月）。また、連盟や列強が日本の脱退通告後も満州問題で静観を続けたのは、脱退が発効する一九三五年三月までの二年間に日本が連盟へ復帰する可能性を期待していたからであった（前掲等松二〇一二）。

しかし満州における軍事的勝利を得た陸軍の急速な政治的影響力の上昇と、満州国の建国を日本外交の輝かしい成果と受けとめて熱狂した大衆世論の前に、冷静なリアリズムは敗れ去った。連盟と訣別した日本は自ら外交上の選択肢を減らし、そして満州国の存在はその後の日中関係修復の余地を極度に狭めてしまったのである。

さらに詳しく知るための参考文献

＊本章が扱う時期は「日中戦争へ至る日本の中国侵略の本格的始動期」として従来とらえられがちであったが、近年は「清帝国解体後の東アジアにおける政治経済的変動」という観点から日本、中国、ソ連といった大国のみならず、満州人、モンゴル人、朝鮮人、白系ロシア人、馬賊、国際連盟などの視点を交えた複眼的な分析と研究が現れている。

麻田雅文『中東鉄道経営史――ロシアと「満洲」1896-1935』（名古屋大学出版会、二〇一二）
……帝政ロシア以来北満州に扶植した鉄道権益を中心にロシア・ソ連の満州への関与を分析する。

臼井勝美『満洲国と国際連盟』(吉川弘文館、一九九五)

緒方貞子『満州事変――政策の形成過程』(岩波現代文庫、二〇一一)……以上二著は満州事変に関する正統的な政治外交史研究では、いまなお古典としての価値を失わない。

川田稔『満州事変と政党政治――軍部と政党の激闘』(講談社選書メチエ、二〇一〇)……日本の国内政治とりわけ政党の動向に焦点を当てた研究。

篠原初枝『国際連盟――世界平和への夢と挫折』(中公新書、二〇一〇)……国際連盟と戦間期の国際秩序の観点から満州事変を見る上で有益。

澁谷由里『「漢奸」と英雄の満洲』(講談社選書メチエ、二〇〇八)……馬賊をはじめとする満州の在地勢力の動向に光を当てた。

クリストファー・ソーン(市川洋一訳)『満州事変とは何だったのか――国際連盟と外交政策の限界』上・下(草思社、一九九四)……列強と国際連盟の視点からの緻密な分析。

玉野井麻利子編(山本武利監訳)『満洲――交錯する歴史』(藤原書店、二〇〇八)……満洲の地理的・民族的・文化的多様性と複雑な歴史の、海外の研究者も含む各界の専門家による論考の集成。

等松春夫「満洲国際管理論の系譜――『リットン報告書』の背後にあるもの」国際法学会編『国際法外交雑誌』第九九巻六号(二〇〇一年二月)……満州事変の解決策としての「リットン報告書」の再評価を通して国際秩序の観点から満州事変を見る。

中見立夫『「満蒙問題」の歴史的構図』(東京大学出版会、二〇一三)……清帝国解体の過程における満州人・モンゴル人の動向を鳥瞰する。

樋口真魚『国際連盟と日本外交――集団安全保障の「再発見」』(東京大学出版会、二〇二一)……満州事変をめぐる日本の対国際連盟外交が描かれる。

第6講　天皇機関説事件

柴田紳一

†天皇機関説とは何か

天皇機関説事件とは、すでに大正期から問題にされていた「天皇機関説」が一九三五年に「国体明徴《めいちょう》運動」の展開によって国体に反するものとされ、その主唱者であった憲法学者美濃部《みのべ》達吉《たつきち》への排撃として「事件」化したものである。

美濃部達吉は明治憲法の解釈として、〈統治権は天皇に最高の源を発する〉という形で天皇主権の原則を認めたが、その統治権は最終的に法人である国家に属するとし、天皇はその法人である国家の最高機関である、とした。これが天皇機関説である。

ここで、美濃部研究でも知られる歴史家の家永三郎の記述を借りよう。天皇機関説は、「明治期にあっては官僚内閣の、大正期・昭和初年には政党内閣のそれぞれのイデオロギーとしての政治的機能を果たしてきたのであり、事実上国家支配層の間では公認正統の学説としての地位を保有していたのである。ただこの学派に比較的自由主義的、民主主義的傾向の色が濃かったのは否定できない。そのために、大正元年に天皇主権説をとる上杉慎吉から、美濃部の憲法論は「国体に関する異説」であると攻撃され、これを発端として、両派の学者多数をまきこんだ論争が繰りひろげられた。このとき学界内の論争に終り、天皇機関説の迫害には至らなかったが、十五年戦争期に狂信的日本主義が横行するに至り、天皇機関説を「兇逆思想」として攻撃する運動がまき起こされ、昭和十年美濃部は失脚し、天皇機関説をとる憲法書と憲法講義はすべて禁止されて、同二十年の敗戦までの期間、この学派の思想は国禁の思想とされてしまった」(『国史大辞典』)。

家永によれば、天皇機関説は俗称であり、国家法人説と呼ぶほうが適切である。そして美濃部も日本の主権が天皇に属することを自明としていたのだから、天皇機関説を天皇主権説に対立させるのは誤解であって、この誤解こそが事件に発展したと、家永は示唆している(『国史大辞典』)。

†天皇機関説事件とは

歴史学の立場からの日本近代政治史研究のパイオニアの一人である鳥海靖は、天皇機関説事件を、学説上の問題というよりむしろ、美濃部学説排撃に始まる「政治問題」としてとらえている。

美濃部攻撃の背景として鳥海は「特に、ロンドン海軍軍縮条約締結（昭和五年）に際しては、これに反対する海軍軍令部・国家主義団体などの「統帥権干犯《とうすいけんかんぱん》」を理由とする浜口［雄幸］内閣攻撃に対して、美濃部はみずからの憲法学説にもとづき、その攻撃が全く謂われないものであり、浜口内閣（立憲民政党内閣）による条約締結が正当であることを擁護した。それだけに、美濃部と天皇機関説に対する軍部や国家主義者たちの反発は激しく、早くから蓑田胸喜《みのだむねき》ら原理日本社グループによる美濃部攻撃は行われていた」、と記す（『国史大辞典』）。この蓑田による攻撃については、植村和秀「天皇機関説批判の「論

貴族院にて、「一身上の弁明」として「天皇機関説」の釈明演説を行う美濃部達吉（毎日新聞社提供）

理」――「官僚」批判者蓑田胸喜」（竹内洋・佐藤卓己編『日本主義的教養の時代』柏書房、二〇〇六）が詳しい。

その後、一九三四年二月から翌年にかけて、貴族院・衆議院で美濃部を激しく攻撃する質疑が繰り返しなされ、三五年二月、貴族院議員の美濃部は貴族院の議場で「一身上の弁明」を行うにいたる。この間、三五年一月には、国体擁護連合会が、美濃部と末広厳太郎《いずたろう》（東京帝大法学部長）の学説を「国憲紊乱《びんらん》の思想」として排撃する運動を開始する。

一方、首相岡田啓介は、学説については学者間の議論に委ねるのが適当であると答弁するに留まった。「一身上の弁明」後、国体擁護連合会、主要国家主義団体・在郷軍人会は活動を先鋭化させ、政府は機関説が国体とは相容れない学説である旨声明を発すること、機関説に立つ書物を発禁処分すること、機関説を支持する教授・官公吏を罷免《ひめん》すること、首相および枢密院議長一木喜徳郎《いちききとくろう》は引責辞職すること、を要求した。内閣等の対応については、菅谷幸浩「岡田内閣期における機関説問題処理と政軍関係――第二次国体明徴声明をめぐる攻防を中心に」（『学習院大学大学院政治学研究科政治学論集』一八号、二〇〇五）、同「天皇機関説事件展開過程の再検討――岡田内閣・宮中の対応を中心に」（『日本歴史』七〇五号、二〇〇七）に詳しい。

政党関係を見れば、岡田内閣の与党であった立憲民政党が冷静な態度を保っていたのに対し、立憲政友会は倒閣の狙いもあって強硬な姿勢を示していた。軍部は皇道派主導のもとに機関説排撃の方針を定める一方、天皇はこの間、終始機関説で差し支えないと述べ、軍人たちが自身の意に反して機関説排撃を行っていることに強い不満を洩らしたという（侍従武官長本庄繁の日記）。軍部、特に陸軍は「革新」勢力の一翼を担っていた。

だが事態は学説上の論争や美濃部個人への排撃の範囲を大きく越え、穏健な岡田内閣にあきたらない勢力による倒閣運動、さらには現状打破をめざす「革新」勢力による元老・重臣・政党など「現状維持」勢力打破の運動に発展した。三五年一〇月、岡田内閣の第二次国体明徴声明（機関説は「国体に戻《もと》る」ものとして「芟除《せんじょ》」すると声明）でようやく問題は落着したが、機関説論者と目され、また「現状維持派」の宮中勢力の代表とみなされて「革新派」から非難を浴びた牧野伸顕内大臣・一木喜徳郎枢密院議長・金森徳次郎法制局長官は、昭和一〇年末から一一年初めにかけて、美濃部の議員辞職に続き、相次いで辞任した。

以上が鳥海による「事件」の概要である。

†国体明徴運動と政友会の「真の動機」

天皇機関説事件は、様々な勢力・人物が、様々な目的・手段をもって関与した、極めて裾野の広いものである。それらの、個々・個別についての史料探索・実証研究が望まれる一方で、時代的な大きい背景との関連を検証することも重要である。一九三三年から陸海軍・メディアが喧伝した「一九三五・六年の危機」説、一九四〇東京オリンピック招致の推進力ともなった「紀元二六〇〇年記念事業」等が、本「事件」に与えた影響も課題となろう。また後代への影響の実相を見極めることも大きな課題である。

「国体明徴運動」と本「事件」との関連、本書の次項との関連等々、しばしば「国家主義運動」で一括される諸運動の相互連関、もしくは個別性・特殊性の分析も不可欠であろう。

そうした研究の例として、一九三六年四月、日本の国号が対外的に「大日本帝国」に統一される経緯を、主に帝国議会における議論、外務省記録により、大正末期の源流に遡及して分析した吉村道男「昭和初期における国号呼称問題——国体明徴運動との関連において」（『国史学』一一九号、一九八三）がまず想起される。

また、国体明徴とはいかなるものだったかという問いに発する五明祐貴《ごみょうゆうき》「天皇機関説排撃運動の一断面——「小林グループ」を中心に」（『日本歴史』六四九号、二〇〇二）がある。五明は、グループの中心小林順一郎や志賀直方らが、排撃運動の一目的としたのは近衛文麿内閣の樹立であったことを指摘している。

参考文献に挙げた山本七平『昭和東京ものがたり』は、「国体明徴」が当初「国体明澄」と書かれていたことなど、一見些細で見逃されていた事柄が記されて興味深い。明徴に変わった一理由として、昭和天皇の父の称号明宮《はるのみや》、皇太子の諱明仁《いみなあきひと》の「明」の字に、当時陸軍士官学校に在学していた昭和天皇の弟三笠宮の称号澄宮《すみのみや》の一字を加えるような表現を、陸軍が不都合と考えたことがあったのかもしれない。

また宮沢俊義『天皇機関説事件』の下巻に【附録】として収録された約九〇頁にわたる座談会（一九五〇年代半ば実施）は、鳩山一郎（元政友会代議士）らが参加しており、断片的な発言でもその後の新出史料により、国体明徴運動や政友会の狙いについての証言が補強される箇所も少なくないであろう。

そもそも、なぜ政友会は美濃部を執拗に攻撃したのであろうか。政友会は、一九三二年二月の総選挙で野党民政党に大勝しながら、三六年二月の総選挙では僅差で民政党に敗れた。前掲山本七平著を見ると、坂野潤治が「天皇機関説事件で美濃部達吉を失脚させた政友会に有権者は背を向けた」というのもうなずける（坂野『〈階級〉の日本近代史』講談社選書メチエ、二〇一四。なお、政友会と本「事件」に関する研究として、官田光史「国体明徴運動と政友会」〔『日本歴史』六七二号、二〇〇四〕、駄場裕司「帝人事件から天皇機関説事件へ――美濃部達吉と「検察ファッショ」」〔『政治経済史学』三八九号、一九九九〕、柴田紳一「「重臣ブロック排撃論者」としての久原房之助」〔『国学院大学日本文化研究所紀要』八三輯、一九九九〕がある）。

そして国体擁護聯盟編『臣節蹂躙の犬養内閣』（一九三二年二月、春秋社、全四六頁）を見ると、美濃部が政友会に攻撃されたもう一つの理由がわかる。このパンフレットは、三二年一月に起きた桜田門事件（天皇襲撃事件）でいったんは辞表を提出した犬養毅首相が、天皇からの慰留を理由に辞職しなかったことを、一二名の大学教授・ジャーナリストが手記または談話で痛烈に批判するものである。九年前の虎の門事件（摂政襲撃事件）では山本権兵衛内閣は総辞職したのだから、犬養内閣も辞職すべきだというのである。このパンフレットの一二名の筆頭に美濃部（つまり巻頭記事）、次には機関説に立つ京都帝大教授・佐々木惣一が名を連ねている。

政友会にすれば、ようやく政権を奪回し、選挙には勝ったが、その直前にまたも美濃部からの激しい攻撃を受けたのである。理屈でなく、感情として、美濃部は許せないとの恨み・憤りが政友会にはあったのではないか。その「仕返し」として、天皇機関説事件があったとも考えられるだろう。

†いくつかの視点

日本近代史の特徴として、暗殺の横行が挙げられる。また、政権攻撃に際し、政権背後の権威を撃ったり借りたりすることで、目的達成の一助とすることがある。とりわけ側近攻撃・「君側《くんそく》の奸《かん》」攻撃は激しく、一八九六（明治二九）年、雑誌『二十六世紀』が元宮内大臣土方久元を非難し内務次官・内務省警保局長の辞任にいたった「二十六世紀事件」が起きた。

他にも、大正政変に際し、就任日浅い内大臣兼侍従長の桂太郎が首相に返り咲いたことへの猛攻撃、一九二〇（大正九）年の皇太子結婚をめぐる問題（「宮中某重大事件」）に際する元老山県有朋・宮内大臣波多野敬直・首相原敬への非難、一九二五（大正一四）年の北一輝・西田税《みつぎ》らによる「宮内省怪文書事件」（御料林払い下げの折に内大臣牧野伸顕らが収賄したと糾弾）、二・二六事件における重臣殺害・襲撃、また前後の重臣暗殺未遂事件の数々があった。天皇機関説事件もこうした一連の系譜につながるものである。

また、相手の正当性を攻撃するに際して、「歴史カード」を切られることがある。天皇機関説事件が帝国議会で取り上げられた初の質疑で、質問者は商工大臣中島久万吉執筆の足利尊氏賞賛の文章を美濃部に先立ち問題として取り上げた。これは明治末期の「南北朝正閏問題」再燃を想わせるものがあった（間もなく中島は辞任）。日本ではこのように、誰もが反論しにくい立場・主張、否定しにくい指標・目標を持ち出すことで、強引に自己の主張・行動をつらぬき、相手を攻撃することがしばしば見られる。

†「事件」の影響

果たして天皇機関説事件は、その後の国運、とりわけ日本政治の展開、さらに昭和天皇の行動にどれほど作用したのだろうか。これに関連して、筆者の関心を最も惹く記事三点を紹介したい。

まず、志賀直哉の未公表手記である。志賀は、近衛文麿側近というべき志賀直方の甥にあたり、また元内務省警保局長で貴族院議員の松村義一の義弟にあたり、独自の情報網を持っていたようである。その志賀には生前未公表の「二・二六事件」に関する手記がある。これを発見し公表したのは弟子の阿川弘之である（阿川弘之「志賀直哉」連載第五二回〔「天皇制」（二）〕、『図書』一九九一年一〇月号。仮名遣いは原文のまま）。

「二・二六事件は近来稀れなる不愉快な事件だ、五十何年の自分の生涯で最も不愉快な事件であつた。彼らは国躰明徴を口にして所謂君側の奸たる重臣を殺し、天子を自分らと同じ考へにしようとしたのだ。此事が既に天子の人格を認めない事であり、天子を機関以上には考へてゐない証拠である。所で所謂君側の奸を殺して見たが、天子は自分達の思ふやうにはならなかつた。天皇が機関以上の働きをしたわけである。此事件にはかういふ実に馬鹿々々しい矛盾がある」

「今度の事件で自分は天子様が偉かつた話を聞き感服した、伝統的な偉さといふものが矢張りあることを感じた。自分は天子様を愛する。残り少ない世界の天子のうち最も勝れた天子であると思ふ。吾々は仕合せだ」

こうした感慨も本「事件」の一つの帰結であろう。

次に、法制史家石井良助の『天皇――天皇統治の史的解明』(弘文堂、一九五〇)である。石井は、終戦からわずか五年後、戦後の「象徴天皇制」が日本の歴史とは断絶・隔絶するといった議論・風潮に異をとなえた。

まず石井は大日本帝国憲法の特性として、条文が簡潔であったため、運用の妙を発揮する余地が大きかったことを指摘する。実際、明治憲法には「首相」「内閣」の文字も「内閣総理大臣」の文字もない。わずか一条、「国務大臣」の規定あるのみである。故藤井貞文(国学院大学名誉教授、筆者の恩師)は、明治憲法下の日本では、そうした明治憲法の特性ゆえに時代の要請に見合った政治運営が行われたのであり、明治時代に藩閥政府、大正・昭和初期に政党内閣、その後は軍人が首相になったのだとしばしば述べていた。

石井は以下のように解説する。昭和六年頃までは、明治憲法を立憲的民主的に解釈しようとする努力がなされ、天皇の大権と議会主義とを調和させるために、国家法人説および君主機関説が移入されて、天皇機関説が唱えられ、社会的にも迎えられた。ところが、以後は明治憲法が軽視されて、天皇大権制が軍閥官僚によって悪用され、第一次世界大戦後の不況を経て、満州事変が勃発、非常時となり、社会は軍国化した。このような議会の権能喪失、独裁化は立憲主義を標榜する明治憲法の明文、少なくともその精神に反する。天皇の大権およびその背後にある神秘的権威が表面に押し出され、これが軍閥、官僚の専恣的行為を弁護する支柱となってしまった——石井はこのように述べる。

ところが、石井は続けていう。天皇は事実上無力化されたとはいえ、なお法律的には明治憲法第一条の権限をもっていたのであり、だからこそ太平洋戦争では天皇の意思によって終戦が宣言されたのである。ただ、天皇の個人的意思は法律上の効力を生じるわけではなく、国務大臣の輔弼《ほひつ》を必要とするから、終戦の決定は天皇の意思のみによったものとはいえない。だが、終戦時の宮中会議で、もし天皇が出席せず、発言がなかったなら、恐らく決戦派を圧伏して終戦を決定させること、最後の決断を天皇に仰ぐということにはならなかっただろう。終戦の会議に終戦を欲する天皇が出席したということが、終戦を可能にした。天皇が終戦の会議に出席したことは、明治憲法第一条の規定が最後の光輝を放ったものといえる——石井はそう指摘して、次のように締めくくる。「終戦と決したに就いては、天皇個人の意思力及びその背後に存する天皇の神格的尊厳性が大きな意味を演じたことは疑を容れないが、然し、法律的に云う時は、明治憲法第一条の規定が決定的な役割を演じたものと云わなければならない」。

最後に紹介するのは、一九三五年五月、「事件」の最中、内大臣牧野伸顕が駐日アメリカ大使ジョゼフ・グルーに語り、グルーを感動せしめた有名な談話である。「日本には他国が同程度にまで保有しない守護者、即ち皇室がある。天皇が最高で、如何なる時にも最後の断を下されるので、日本には軍の独裁主義、共産主義その他の如何なる主義からの危険もないのだ」（グルー〔石川欣一訳〕『滞日十年』上、一九四八）。

このように志賀直哉・石井良助・牧野伸顕の所説を見ていくと、「天皇機関説事件」こそが天皇自身の二・二六事件時・終戦時の決断を導いた、ともいい得るであろう。また、本「事件」の運動者・推進者は、憲法解釈・「政体」こそ変革し得たものの、憲法運用・「国体」の変革はついに成し得なかった、ともいい得るであろう。

さらに詳しく知るための参考文献

家永三郎「天皇機関説」『国史大辞典』第九巻（吉川弘文館、一九八八）……憲法学の上での一学派としての解説として最も簡明なもの。

鳥海靖「天皇機関説問題」『国史大辞典』（同前）……政治史の上での一問題としての解説として最も簡明なもの。

三谷太一郎「天皇機関説事件の政治史的意味」同著『近代日本の戦争と政治』（岩波書店、一九九七）

……次に掲げる宮沢俊義著が利用し得なかった諸史料をも駆使し、「事件」を「「国体」によって「政体」の変革をもたらした「合法無血のクーデター」であった。そして「合法無血のクーデター」の後に二・二六事件という非合法流血のクーデターが続いたのである」と位置づける、傑出した研究。

宮沢俊義『天皇機関説事件』上・下（有斐閣、一九七〇）……副題に「史料は語る」とあるように、出版された時点で利用可能な公刊史料・新聞記事を博捜した、古典的・詳細な研究。

山本七平『昭和東京ものがたり』2（読売新聞社、一九九〇）……天皇機関説事件当時は中学生で、後に広範・鋭利な評論活動を行った著者による独自の観察・指摘を多々含む。

第7講　二・二六事件と昭和超国家主義運動

筒井清忠

†昭和超国家主義運動の起源

二・二六事件に至る昭和超国家主義運動の起源は、大正半ばの時代に遡る。

一九一八（大正七）年、米騒動が起き戒厳令が布かれた。日比谷焼打ち事件（一九〇五）で初めて戒厳令が布かれて以来一〇年と少しで再び群衆・大衆による大規模な騒乱が起きたのである。この間には、第一次護憲運動で群衆が国会を取り囲み内閣が総辞職するということも起きていた。こういう「大衆の反乱」を目前に見た人々が、この年、イデオロギーを問わずに集った結社が「老壮会《ろうそうかい》」であった。

中心を成したのは、満川亀太《みつかわかめた》郎《ろう》、大川周明であり、後の左右両翼の人々が集まったユニークな会であった。

中心人物の一人満川は、貧民生活・水上生活研究者らと交流し、人種差別撤廃期成委員会などのアジア解放を期した団体に関係を持った人であった。この頃、日露戦争の開戦論で著名だった戸水寛人博士と会った満川は、その「帝国主義」的傾向と過激派弾圧論に反発を感じている。国内における貧困層の救済と国際的な被抑圧層の解放とが彼の思想の主調音であった。こうした内外にわたる平等主義的発想こそ満川と満川的なものの核心であり、それがナショナリズムによって担保されているのであった。この場合、ナショナリズムは「足が地に着いた運動」を保証するようなものだと言ってもよいであろう。

この多様な老壮会の中から、左翼のアナキズム・共産主義者とは違う方向の平等主義的な国家主義的運動を展開しようと考えた満川と大川が一九一九年に作ったのが「猶存社《ゆうぞんしゃ》」である。新しい運動のためには新しい思想的リーダーがいるということで、当時上海にいた北一輝を呼び返すことになり大川が船で上海に向った。

北一輝は、もともと平民社の周辺にいた社会主義的傾向を持った人物（満川・大川も）であったが、のち宮崎滔天・宋教仁らとともに中国の革命運動に挺身していた。革命挫折後曲折があって当時は上海にいたのである。大隈重信内閣の「対華二十一カ条要求」問題に続き、当時ヴェルサイユ会議で日本がドイツから奪ったと中国から見られた山東半島の帰属問題が紛糾し、五・四運動という反日運動が盛り上がっていたのだが、北を驚かせたのがその先頭に立っているのがかつての革命運動の同志であることであった。

こうして北は中国の反発をかう「黄金大名」の支配する日本を「魂のどん底」から立て直す決心を固め、その方策を『国家改造案原理大綱』（後に『日本改造法案大綱』）として執筆していた。そこに大川がやってきて意気投合、二人は徹宵《てっしょう》して語りつくし、大川は『大綱』を持ち帰って後から届いた続稿とあわせて秘密出版する。北はその年の暮れに帰国、北・大川・満川という「三位一体」と言われた人々が揃い猶存社の運動は本格化した。

北の『日本改造法案大綱』にはどのようなことが書かれていたのか。その基本は天皇の大権発動により日本を平等な社会にしていく、ということであった。まず天皇の名の下にクーデターを起こし三年間憲法を停止し、両院を解散して全国に戒厳令を敷く。その間に、貴族院や華族制度などの特権的な制度を廃止、治安警察法・新聞紙条例・出版法といった言論を弾圧する法律も廃止、私有財産制度は一定限度以上は認めず土地は徹底的に公有にする、そして、地主・小作関係の不平等を解消するために自作農を創設し、労働省を新設して労働者の待遇を改善し、児童の教育権を保全するというものであった。

そして、こうした国内的に平等主義的な改革を実施した上で、国際的にも平等主義を実現するために、不平等な植民地支配を受けているインドなどのアジア諸国を日本民族が解放して、イギリス・アメリカの世界支配を覆していくというのが最終目的であった。この国内的な平等主義と国際的な平等主義を結合したところが北や満川ら猶存社の思想の特質といえよう。それは、日比谷焼打ち事件・第一次護憲運動・米騒動という形で登場していた大衆の平等主義の要求に合致していた。だからこそ、それは以後の時代を動かしていくことになるのである。

そして、その影響が明瞭に現れたのが一九二一年に起きた「朝日平吾事件」である。これは、朝日平吾という青年が、安田財閥の当主安田善次郎に「貧困な労働者向けのホテルを造れ」と要求、断った安田をいきなり刺し殺し、自分もその場で自決した事件である。そして、その遺書の内容からして、これは明確に北一輝の『日本改造法案大綱』の影響を受けた行為であった。

さらにこの後、陸軍の青年将校らが、北の思想に大きな影響を受けていく。第一次世界大戦は初めての総力戦で、戦車・飛行機・毒ガスなど新兵器が次々に登場し死者の数は膨大であったが、それだけに大戦後は、ワシントン海軍軍縮条約が結ばれ世界中に反戦・平和ムードが立ち込めていた。

そうしたムードの中で、日本でも大規模な陸軍軍縮が二回行われ、おおよそ将校三四〇〇名・准下士官以下九万三〇〇〇名、合わせて九万六四〇〇名の馘首が行われ、大量の職業軍人が十分な手当もないままに突然無職となったのであった。

しかも世界的な平和主義の広がりの中、当時の軍官庁に勤める将校の中には、通勤途中で嫌がらせを受けるので背広で登退庁する者がいるというありさまであった。将校を養成する学校は縮小され、志願者も激減、軍人受難時代になった。こうして、「自分らの存在自体が根本的に国民に受け入れられないのではないか」ということで、悩み始めた若い青年将校たちにとって、北一輝の『日本改造法案大綱』の〝日本に世界史的・文明史的に重大な使命がある。中でも軍人はその中心になって天皇を中心にした平等な社会変革を行い、さらにアジア解放に乗り出し日本の文明的使命を全うすべきだ〟という思想は、「生きがいを見つけた」という形で天啓のように受けとめられ浸透していったのである。

最初に親しくなったのが後に北の片腕となった西田税《みつぎ》で、以後、西田を通して後の運動の幹部となる若い青年将校たちが、北に面会をしていく。末松太平という青年将校に、北は「今の日本を救い得る者は、まだ腐敗していない軍人だけです。しかも若いあなた方です」とアピールしている。こうして、大正終わり頃から、徐々に『日本改造法案大綱』に影響を受けた青年将校の運動が始まっていったのであった。

†昭和超国家主義運動の展開

大正末から昭和初期にかけて普通選挙制度が実現され、二大政党政治が始まったが、選挙戦は非常に激しいものになり、資金調達のための不正な手段も以前よりはるかに頻繁に行われ出した。また、政権をとるため野党は事あるごとに、与党側の、特にリーダーのスキャンダルを探し出すので疑獄事件が頻発することになった。さらに、政権与党になると、とくに選挙を管理する内務官僚への統制が強力に行われ、政権交代のたびに、官選知事、警察署長、派出所の巡査が入れ替わることになっていき行政の中立性が大きく損なわれた印象を与え、政党政治に対する国民的不信感が高まっていく。そこへ一九二九年の世界恐慌の嵐が日本を襲ってきた。近代日本史上最大の不景気、デフレ、失業者の増加、就職難という時代となったのである。とくに農村の恐慌はひどく、娘が身売りをする有様で、一方財閥の特権性は目立ち激しく批判され、〝一挙的現状打破〟の声が強くなっていった。

一方、国際的には、一九二四年の「排日移民法」でアメリカの人種差別に対する抗議が「国民的義憤」を招いた後、ワシントン条約に続くロンドン海軍軍縮条約（一九三〇）は、日本の海軍の一部や国家主義者に「対米七割」が確保できなかったとして、米英に対する大きな敵対感情を抱かせることになっていた。

また、ソ連は一九一九年に世界革命の本部として「コミンテルン」を結成したが、その日本支部として日本共産党ができる。それは統治する側からすれば「間接侵略」の脅威にさらされたことになる上、一九二九年には中ソ戦争が起き、ソ連は軍事力で満州＝中国東北地方の権益を拡大したので、関東軍の軍人にとってはソ連の軍事的脅威が拡大したと受けとめられたし、軍事力による既成事実作りが国際的に認められるという悪しき経験を知ることにもなった。

さらに、中国では、蔣介石が北伐を始め南方から国民党の軍隊を北上させて中国を統一していった。その結果、日本の権益とぶつかっていき、そこから満州の日本の権益に対する危機意識が高まっていった。そして不平等条約の無視は当然とする国民政府による「革命外交」が始められ、日本から見れば従来日中間で結んでいた条約を一方的に破棄されるということが起き、日中関係は非常に険悪になっていった。

こういう状況の中、猶存社につながる大川周明、北一輝のうち前述のように北は青年将校に結びついていったが、エリートの大川は階級が上の佐官級の中堅将校と結びつきが強くなっていた。

その中で、一九三〇年一月に、参謀本部第二部の橋本欣五郎中佐がトルコから帰国、トルコのケマル・アタテュルクによる明治維新をモデルにした改革を見た橋本は、「国家改造を以て終局の目的となしこれがため、要すれば武力を行使するを辞せず」と謳った桜会という軍人結社を結成した。その思想的リーダーは大川である。大川らは翌一九三一（昭和六）年三月、当時の陸軍大臣・宇垣一成の内閣樹立を目指すクーデターを実行しようとしたが、失敗した（「三月事件」）。

同年八月、郷詩会という会合が開かれた。ここには、北や西田のグループの青年将校、世界恐慌以降悲惨な状況にあった農村や下町の青年たちが日蓮宗の井上日召のもとに結集した「血盟団」、橘孝三郎を中心にした農村青年のグループ「愛郷塾」らが集まった。そこで、その年の秋に、満州の事態を打開するため関東軍が何かことを起こした時、それと同時に国内でも橋本らが一挙的変革=「錦旗革命」を実行するとのことなのでそれに応じた実力行動の準備を始めたのである。

それが実行に移されかけたのが、「十月事件」である。ただ、「三月事件」もそうだが、どの程度具体性があったのかは不明である。発覚して橋本らは拘束されたが非常に軽い処分で済んだ。しかし、この事件で陸軍青年将校らは桜会の佐官級の軍人たちを単に自己の権勢欲を満たそうとしているに過ぎぬ存在として決別していくことになる。

一方満州の方では、関東軍が満州事変を起こし占領地を拡大していき、国内の世論はこれで軍縮時代とは違った方向へ流れ出す。

さらに一九三二(昭和七)年に入って、二月から三月にかけて血盟団のメンバーが政財界の要人を襲ったテロ事件「血盟団事件」を起こす。そして五月一五日、海軍の青年将校・陸軍士官学校の学生・「愛郷塾」の人々が犬養毅首相暗殺、牧野伸顕内大臣官邸・政友会本部・日銀・変電所襲撃等の「五・一五事件」を起こす。

「五・一五事件」の裁判は翌年から開始され、公判の様子が大々的に報道され、〝腐敗堕落した既成の政党政治家・財閥・官僚等の特権階級を打倒するために農民らとともに弱者救済に立ち上がった純真な青年将校〟といったイメージが連日のように報道された。公判は「昭和維新運動」の宣伝の場のようになったのである。減刑嘆願書が殺到、未婚の青年将校には花嫁候補が現れ、生地探訪ルポが雑誌に掲載され、レコードまで作られ（禁止処分となった）、彼らは一種のスター扱いされた。首相暗殺・首都における破壊活動へのこうした巨大な支持は「大衆の反乱」の場のようであった。猶存社以来の超国家主義運動家達の主張はここで広く一般化していったといってよいであろう。

さて、郷詩会の会合参加者のうち、民間青年と海軍の青年将校らは、こうして実力行動を起したのだが、北と西田の影響下にある陸軍の青年将校グループはこの動きには乗らなかった。前年暮れに陸軍大臣になった荒木貞夫中将の力で、国内の疲弊した状況は改革されるのではないかと期待していたからである。

†昭和期陸軍の抗争

陸軍内部には元来、山県有朋に始まり、寺内正毅、田中義一、宇垣一成（岡山出身）と受け継がれた長州閥と、上原勇作を中心として真崎甚三郎・荒木貞夫などを擁する九州閥との二大派閥があったが、大正から昭和初期まで長州閥とその流れを汲む宇垣閥が人事などを握り陸軍の中心にいた。

その中で、一九二一年、永田鉄山、小畑敏四郎《としろう》、岡村寧次《やすじ》といった陸士一六期の三羽烏がドイツの保養地、バーデンバーデンに集まって、陸軍立て直しの盟約を結ぶ。東条英機も後からこの盟約に加わった。

彼らは日本に帰っていくつかの会を作り結局「一夕会《いっせきかい》」を結成した。そこで、第一次世界大戦の教訓を基に、陸軍を総力戦と満蒙問題に対応し得るように作り変えていかなければいけないということと、長州閥から宇垣閥の流れではそれが実行できないので荒木・真崎らを推し立てるということを決めた。こうして彼らは九州閥とつながり、すでに北・西田の青年将校運動は既存の政党政治と強く結びついていた宇垣閥に批判的な荒木ら九州閥との結びつきが強くなっていたので、一九三一年一二月に九州閥の荒木陸軍大臣が登場した時は、九州閥の上級将校と、一夕会系の中堅幕僚、青年将校グループの三者がいずれも荒木に非常に期待するという状況になった。

ところが、荒木陸相は徹底的な宇垣閥排除・九州閥登用の人事を行い、他方で青年将校の期待した悲惨な経済状況打開のための農山漁村救済施策は高橋是清大蔵大臣らに押さえ込まれて実現できなかった。

一九三四年一月、評判を落とした荒木は退き、盟友と考えていた林銑十郎を陸軍大臣に就けたが、荒木や真崎たちの評判が宮中を中心に非常に悪いと知った林は、荒木・真崎排撃の活動を始めた。このころ永田鉄山や東条英機のグループも、荒木を見切り排撃に回り始めていた。

こうして、荒木・真崎ら九州閥系の上級将校と彼らを押し立てて陸軍と国政の改革を行おうとする青年将校たちの「皇道派」と、永田を中心にした中堅幕僚による日本を高度国防国家に向けて作り変えていこうとする「統制派」とが対立していくことになった。

そして、一九三四年三月、永田が軍務局長になって、両派の対立はますます激化し、同年一一月に「陸軍士官学校事件」が起きた。青年将校運動の中心人物の磯部浅一《あさいち》、村中孝次らをクーデター計画容疑で憲兵隊が検挙し、結局これで二人は免官になる。林は永田ら統制派に乗っかった形になったのである。

そして、林陸相・永田軍務局長コンビは、陸軍の枢要部から皇道派の人々を次々に左遷する人事を行っていったが、一九三五年七月に皇道派の中枢真崎教育総監を罷免した。そこで怒った皇道派の相沢三郎中佐が、永田鉄山中将を斬ったのが、同年八月の「相沢事件」である。こうして統制派と皇道派の対立が激化する中から「二・二六事件」が起きることになる。

†二・二六事件

二・二六事件は追いつめられた皇道派による起死回生のための行動であった。そのクーデター計画は、当時の岡田啓介内閣を倒すため、岡田首相・高橋是清蔵相を暗殺、自分たちと立場の違う人間を首相に推薦する可能性のある西園寺公望元老、斎藤実内大臣、鈴木貫太郎侍従長、牧野伸顕前内大臣も暗殺、さらに渡辺錠太郎教育総監ら軍内の反対派の暗殺・逮捕等を企図したものであった。その上で、皇道派暫定政権を擁立してくれる人を積極的に参内させていき、そのような政権を確立することが目的であった。ただ、こうした企図が失敗しても、それが為政者の「覚醒」、国民の奮起につながればよいとも考えられていた。

実際には事態はどのように展開していったのか。直接行動のうち岡田首相暗殺は誤って義弟を殺害、牧野伸顕は脱出し、西園寺暗殺は中止になった。しかし、その他は大体実行された。そして、皇道派寄りの政権樹立を天皇に進言する上部工作については、担当する青年将校たちが陸軍大臣川島義之に陸相官邸で会って要望事項を提出し川島は参内しそれに従って行動。真崎大将が、従来から親しかった海軍の加藤寛治大将、皇道派に同情のある海軍軍令部総長伏見宮博恭王《ふしみのみやひろやす》と打ち合わせ、平沼騏一郎による新内閣を作ることを伏見

二・二六事件の鎮圧部隊兵士（共同通信社提供）

宮から天皇へ進言するべく参内することになる。

このように、朝のうちは青年将校にとってかなり都合よく事態は進行していたが、木戸幸一内大臣秘書官長が「現内閣の辞職を一切許さない」ことを基本的な天皇の政治方針として早々に決め、その通りに天皇は伏見宮、川島陸相らの新内閣樹立の提言を次々に拒み、夕刻遅く後藤文夫首相臨時代理の内閣総辞職の要請も断わったのでクーデターの帰趨は決められた。

青年将校たちのクーデター計画の最大の眼目である岡田内閣の打倒は、青年将校の上部工作に乗った再三にわたる皇族らの進言にかかわらず天皇が拒絶したため成功せず、終始青年将校に同情的であった石原莞爾参謀本部作戦課長（戒厳参謀）による二六日深夜の帝国ホテル会談に基づく皇道派と参謀本部を結ぶ工作や二八日の大詔奏請進言も拒絶されてクーデターは失敗、二九日には鎮圧されることになった。

青年将校たちは投獄され処刑される。北一輝・西田税は事件の少し前に計画を知らされ中心人物ではなかったが、協力したためやはり処刑された。北は日中の険悪な関係の改善・打開のために三月に訪中し、辛亥革命の同志であった国民政府外交部長張群と会談する予定であったから、とくに無理な判決であった。

事件後、陸軍から皇道派は決定的に勢力を失う。代わって石原莞爾を中心とした石原派（満州派）が急速に台頭し、翌年の宇垣内閣流産や林銑十郎内閣組閣を行っていくが、林内閣組閣を頂点として凋落が始まり日中戦争が始まると石原自身が左遷される。以後も東条英機らと石原派の対立は長く続くが、太平洋戦争の直前には東条英機、武藤章、富永恭次ら永田鉄山の下に統制派として結集していた人々が軍の要職につく。しかし、かつてのような結束があったわけではないからそれらは旧統制派とでも呼ぶべきであり、これを統制派と呼ぶのは全くの誤解である。

一方、皇道派は陸軍の中での影響力は失ったが、昭和十年代を通じてのエース的政治家近衛文麿が皇道派寄りであったため政界上層部での影響力は残り続けることとなる。具体的には、荒木貞夫、柳川平助らが入閣し、太平洋戦争中には親英米派の吉田茂らと反東条系軍閥の共同戦線を張り、終戦後の東久邇宮内閣には小畑敏四郎が入閣するのである。

さらに次のようなことが言えるだろう。

それは、昭和の超国家主義運動はいわば政治運動としては「二・二六事件」によって失敗・挫折したが、この運動が持っていた平等主義的発想は、「二・二六事件」の失敗後も様々な形で受け継がれていった、ということである。

昭和十年代には、小作人の地位向上・自作農創設、厚生省設置（保健所・妊産婦手帳等創設）、国民健康保険制度、労働者年金（厚生年金）保険制度、食糧管理制度、配当制限制など、平等主義的な施策が様々に実現されていき、それは戦後の財閥解体や農地解放という「民主化」につながっていく。すなわち戦中・戦後を通じて社会の平準化は進行していったのである。

これらの改革に携わった人達に二・二六事件は強烈な影響を与えており、こうした施策を実施した官僚たちの多くは「革新官僚」と呼ばれたが、彼らの中には北一輝の本を読んでいた人も多く、その一人岸信介は、大正時代に北に会って強く影響を受けていた。したがって、青年将校たち自身は政治的に敗北したが、長期的に見ると、彼らの主張は戦時中に部分的に実現され、戦後にさらに実質化していったと見ることもできるのである。

そして、こうした平等主義的志向の前では、親英米派的志向は、国際的にも国内的にも特権的な旧支配体制を維持するためのものだと見られ影響力を後退させざるを得なかった。

「植民地支配特権大国＝英米」対「弱小隷従地域＝アジア」として捉えられた国際的対比は、国内的には「親英米派的重臣・財閥等特権階級」対「弱小隷従階級」ということになるわけである。天皇周辺の西園寺元老や牧野内大臣が親英米派的志向の代表だったわけだが、彼らこそこうした発想から「君側の奸」として最も激しい攻撃の対象となったのである。〝植民地支配にあえぐアジアの解放を〟〝貧窮にあえぐ民衆の敵＝天皇周辺の親英米派的特権階級打倒〟という主張ほど当時強いものはなかった。この発想は日本を太平洋戦争へと導く一端ともなる。

それにしても、対華二一カ条要求・山東半島利権に対する中国の反日運動に遭遇し日本の根本的改造とアジアの解放を目指した北を中心とした運動に従事した人々にとっては、中国と協力しながら米英と戦争するというのならば予期出たことであろうが、中国と戦争をしながら米英と戦争することなど考えもできなかったことであろう。そこに昭和超国家主義運動の皮肉な運命があった。

さらに詳しく知るための参考文献

昭和超国家主義運動史の通史にはよいものがなく、未だに馬場義続『我国に於ける最近の国家主義乃至国家社会主義運動に就て』（司法研究報告書集第一九輯一〇、司法省調査課、一九三五）と、今井清一・

高橋正衛編『現代史資料4　国家主義運動1』（みすず書房、一九六三）中の斎藤三郎「右翼思想犯罪事件の綜合的研究――血盟団事件より二・二六事件まで」（昭和一三年度思想特別研究員報告書、思想研究資料特輯第五三号、司法省刑事局、一九三九〔社会問題資料叢書〈第一輯 社会問題資料研究会編〉東洋文化社、一九七五としても刊行〕）が基本文献である。

必読の基本資料として、今井清一・高橋正衛編『現代史資料4・5・23　国家主義運動1～3』（みすず書房、一九六三～七四）がある。

橋川文三『昭和ナショナリズムの諸相』（名古屋大学出版会、一九九四〔筒井清忠編〕）……昭和超国家主義運動分析の不滅の古典。橋川文三『アジア解放の夢　日本の百年7』（ちくま学芸文庫、二〇〇八）もこの時代を理解するために必読。

満川亀太郎『三国干渉以後』（論創社、二〇〇四〔長谷川雄一編・解説〕）……老壮会・猶存社から昭和に至る超国家主義運動の中心人物の一人満川亀太郎の回想記。精彩ある叙述で一つの時代の一つの運動を見事に甦らせている。必読書である。満川亀太郎については、拓殖大学創立百年史編纂室編『満川亀太郎――地域・地球事情の啓蒙者』上・下（拓殖大学、二〇〇一）、『奪われたるアジア――歴史的地域研究と思想的批評』（書肆心水、二〇〇七）、長谷川雄一、C・W・A・スピルマン、福家崇洋編『満川亀太郎日記　大正八年～昭和十一年』（論創社、二〇一〇）、長谷川雄一、C・W・A・スピルマン、今津敏晃編・解説『満川亀太郎書簡集――北一輝・大川周明・西田税らの書簡』（論創社、二〇一二）等が刊行されており近年急速に研究が進んでいる。また、長谷川雄一編『アジア主義思想と現代』（慶應義塾大学出版会、二〇一四）、C・W・A・スピルマン『近代日本の革新論とアジア主義――北一輝、大川周明、満川亀太郎らの思想と行動』（芦書房、二〇一五）は、最新のこの方面の研究書である。

『北一輝著作集　1〜3』（みすず書房、一九五九〜七二）……北研究の基本書。ただ第3巻には北の著作でないものが収録されており、厳密なテクスト考証をやり直す必要がある。最初の主著『国体論及び純正社会主義』の自筆修正本は『国体論及び純正社会主義 自筆修正版』（長谷川雄一、C・W・A・スピルマン、萩原稔編集、ミネルヴァ書房、二〇〇八）として刊行されている。北研究書としては萩原稔『北一輝の「革命」と「アジア」』（ミネルヴァ書房、二〇一一）が優れている。

『大川周明全集　1〜7』（大川周明全集刊行会、一九六一〜七四）……大川研究の基本文献。研究書としては、まず大塚健洋『大川周明――ある復古革新主義者の思想』（講談社学術文庫、二〇〇九）と苅田徹『大川周明と国家改造運動』（人間の科学社、二〇〇一）が読まれるべきである。

苅田徹『昭和初期政治・外交史研究――十月事件と政局（増補改訂版）』（人間の科学社、一九八九）……十月事件研究の基本書である。

北博昭「血盟団事件　五・一五事件――裁判記録から読み解く」筒井清忠編『解明・昭和史――東京裁判までの道』（朝日選書、二〇一〇）……血盟団事件、五・一五事件についてはまずこの論文を読んで研究状況をおさえるべきである。血盟団事件の基本史料が東京地検にあることが記載されているが、現在は移管され国立公文書館にあるのであろうか。所在を確認しきちんと公開されるのか注視すべきである。

筒井清忠『二・二六事件とその時代』（ちくま学芸文庫、二〇〇六）……クーデターとしての二・二六事件の構造を初めて解明した書。青年将校を、「改造主義派」と「天皇主義派」に分けることを提唱した。また、クーデター計画の構成を綿密に明らかにし、暫定政権に向けての改造派の上部工作、木戸幸一内大臣秘書官長の対処案が決定的に重要であることなどを初めて解明した。

北博昭『二・二六事件　全検証』（朝日選書、二〇〇三）……二・二六事件の裁判記録を発見し、判決部分を活字にした北氏の事件研究の成果。信頼度が高い。

筒井清忠『二・二六事件と青年将校』（吉川弘文館、二〇一四）……二・二六事件研究の決定版として出したもの。今日の研究水準は本書で分かる。本書以後、『昭和天皇実録』が出たが、二刷で、それに基づいて訂正した。

＊そのほか、研究書・原資料類は多くてコメントしきれないので、前掲拙著（二〇一四）巻末の「研究史」「参考文献」を参照されたい。

宮田昌明『英米世界秩序と東アジアにおける日本――中国をめぐる協調と相克　一九〇六～一九三六』（錦正社、二〇一四）……昭和の陸軍史研究としてはよいものがない中、例外的に優れた研究。実証的根拠の乏しい書物が横行している中、それらを的確に批判している。今日まず読まれるべき書である。ただ、批判の言辞の中にはやや行き過ぎが感じられる箇所がないではない。

第8講 盧溝橋事件――塘沽停戦協定からトラウトマン工作失敗まで

岩谷 將

†塘沽停戦協定

一九三三年五月三一日、河北省塘沽《タンクー》において関東軍参謀副長岡村寧次《やすじ》少将と国民政府軍事委員会北平分会総参議熊斌《ゆうひん》中将が停戦協定に調印した。いわゆる塘沽停戦協定である。それは関東軍が長城の線より北に撤収するかわりに南側に非武装地帯を設定し、中国軍にかわって保安隊が治安を維持することをうたっていた。これにより、満州事変は一応の結節を迎え、日中間には緊張緩和が訪れる。塘沽停戦協定の締結から年末にかけて、関東軍の撤収や戦区の行政権接収などの善後処置が話し合われ、翌年には中国と満州国との間の直通列車、郵便、関税といった実務的な問題が協議され、順次成果を挙げていった。

一九三五年一月、広田弘毅外相による中国に対する不脅威・不侵略を唱えた親善演説はこうした流れの中で発せられ、蔣介石もまた広田演説に誠意を認め、日中関係は平等を原則とすると語った。これを受けて実施された両国の大使館への昇格によって、日中間の友好ムードはピークを迎える。

たしかに外交関係から見れば、この時期親善が両国関係の基調をなしていた。しかし、現地陸軍の動向に目を向ければ、一九三四年の秋頃から後の華北分離工作に見られる傾向がすでに現れ始めていた。察哈爾《チャハル》省では不穏な動きが見られるようになり、一〇月末に張北で支那駐屯軍参謀らが拘束される事件が起きた。関東軍はこの事件を利用して、日本人の察哈爾自由旅行と中国軍の長城線以西への撤退を約束させ、華北・内蒙地域に対する干渉の足がかりとした。広田外相が親善演説を行っていたころ、時を同じくして、熱河・察哈爾省境では満州国の国境をめぐって衝突があり、関東軍はこの第一次察東事件を利用して非武装地域の拡大をはかった。

蔣介石もまた、広田演説に積極的な反応を示しつつも、察哈爾省における日本側の策動を警戒し、察哈爾省主席で第二九軍・軍長であった宋哲元に対し日本の挑発に備えるよう指示している。蔣介石は親善の背後で生じつつあった問題の所在を的確に理解していた。親善ムードの背後で、日中間の矛盾は満州国の承認をめぐる問題から、中国の主権および対等な二国間関係をめぐる問題へと拡大していった。

†華北分離工作

一九三五年五月、相次ぐ抗日反満武装集団の熱河侵入や、親日新聞社長の相次ぐ暗殺(天津日本租界事件)に対する責任を追及するため、軍司令官梅津美治郎《よしじろう》の不在をついて支那駐屯軍参謀長の酒井隆大佐が軍事委員会北平分会委員長代理の何応欽《かおうきん》を訪れ、国民党機関の河北省からの撤退、河北省主席于学忠《うがくちゅう》の罷免、中央軍・于学忠軍(東北系)の河北省外への移駐を要求した。中国側は最後まで協定を結ぶことを拒否し、自発的に実施する旨を通知した。いわゆる梅津・何応欽「協定」である。同じ頃、察哈爾省の張北で、今度は特務機関員が不法監禁される事件が起き、関東軍から派遣された土肥原賢二少将は省主席宋哲元の代理である秦徳純《しんとくじゅん》に対し、当地を守備する第二九軍(軍長宋哲元)の長城以南への撤退、抗日機関の察哈爾省からの排除を要求した。この土肥原・秦徳純協定の結果、強い抗日意識を持つ第二九軍は、北平(北京)一帯を守備していた于学忠軍と入れ替わりで河北省へ移駐することとなり、後に日本軍との間で起きる盧溝橋《ろこうきょう》事件の当事者となる。

この頃、蔣介石は安内攘外政策に手応えを感じ始めていた。実のところ、蔣介石は安内攘《あんないじょうがい》外政策について「もし倭(日本)と対峙するのであれば剿匪《そうひ》(共産党討伐)を抗日の掩護とする」ことを原則としていた。共産党を掃蕩する過程において、それまで半独立状態にあった四川省、貴州省、雲南省などの西南諸省に中央軍を派遣し、一九三五年末には名実ともに統一を成し遂げることができた。また、幣制改革も軌道に乗り、交通網の発達も著しいものがあった。何よりも日本との戦いを想定した国防建設・軍隊改革が順調に進んだことは蔣介石の対日方針を積極抗日へと転換させる契機となった。一九三五年末の日記において、「今年の中心的な工作は剿匪であったが、すでに七割の成功を収めたと言える。来年は抗日を中心とすることができるであろう」と自信をのぞかせていた。一一月に入り妥協を図りながら対日交渉を担っていた行政院院長の汪兆銘が狙撃され、翌月蔣介石が行政院院長に就任したことにより、中国側の対日強硬姿勢はより明確となる。

日本側においても三五年末には①排日取り締まり、②満州国の黙認および経済提携、③共同防共などの要求を列記した広田三原則を打ち出し、外務省においても現地軍の華北分離工作に積極的な態度を見せ始めた。満州国承認をめぐる問題はすでに三五年の早い段階から日中間の懸案事項となっていたが、年末にかけて日本側の要求がより露骨になり、中国側においても対日妥協を図っていた汪兆銘が後景にひき、積極抗日へと転換した蔣介石が前面に出ることによって、日中両国はいずれも退けない関係へと進んでいった。

一九三六年秋には領事館再開をめぐって日本人が殺傷された成都事件、広東省で日本人が殺害された北海事件の善後処置を機会に日中間の国交調整が試みられた。もとより両国ともに歩み寄る余地は残されていなかったが、折から生じた綏遠《すいえん》事件によって交渉そのものが打ち切られてしまう。

綏遠事件とは関東軍の支援を受けた内蒙軍が綏遠省内に侵入し、同省主席をつとめる傅作義の軍隊に撃退された事件である。この時、蔣介石は全面戦争とは言わないまでも、日本との局地的な戦争を覚悟し、開戦準備を指示した。この事件によって日中間の交渉は完全に頓挫してしまい、中国側が日本の支援を受けた内蒙軍を撃退したことにより中国の抗日意識を高揚させる結果となった。また、直後に起こった西安事件によって蔣介石は抗日を軸とした共産党との協調関係を余儀なくされ、中国はいよいよ交渉による日本との関係改善をその選択肢から排除せざるをえなくなった。日本側もまた、西安事件の過程を通じて統一された国民国家としての中国、強力な指導者としての蔣介石、高揚する中国ナショナリズムの対象としての日本を認識せざるをえなくなった。

盧溝橋を守備する第29軍兵士（楊克林・曹紅『中国抗日戦争図誌』香港、天地図書有限公司、1992）

この後さらに緊張が高まり、没交渉のまま盧溝橋事件へと突入していったわけではなく、一九三七年は意外にも緊張緩和の予感とともに幕を開けた。外務省では日中の平等な立場による交渉を目指す佐藤尚武が外相に就任し、参謀本部では華北分離工作に否定的な石原莞爾が第一（作戦）部長となる。西安事件を受けた政策の見直しによって策定された新たな「対支実行策」「第三次北支処理要綱」は分離工作を明確に否定していた。

日本側の変化を受けて中国側でも蔣介石は見舞いを受ける形で川越茂大使と会談し、中国の外交方針に変更がないことを伝えている。中国は幣制改革の進展、国防の充実、高まる統一気運を受けて、日本と交渉せずともやっていけると統一国家としての自信をつけ始めており、この頃むしろ焦りは日本側に生じつつあった。

綏遠事件以降、日中の中央政府間にあっては小休止ともいえる緊張緩和が訪れていたが、一九三七年六月頃から華北では不穏な噂が絶えなかった。北平・天津一帯を守備する支那駐屯軍は前年の六月に兵力の増強を図っていた。それは山西に進入した共産党への対策と華北問題の処理における関東軍の支那駐屯軍への干渉を制限することを狙ったものであった。それにともない駐屯する兵舎が必要とされたが、支那駐屯軍はかつてイギリス軍が駐屯した豊台に増強した部隊を配置した。日本が借り上げた場所は第二九軍の中隊が至近に駐屯していた。また、豊台には演習に適した場所がなく、演習を行うとなると六キロほど離れた盧溝橋がかかる永定河近辺で演習を実施しなければならず、すぐそばの宛平県城には第二九軍の大隊が常駐していた。六月末には盧溝橋の北方、西方で連続して演習を行い、現地での緊張感は徐々に高まっていた。北平では六月二六日より戒厳令が敷かれており、七月に入ると日本軍が武力行動を起こすと噂されるようになった。

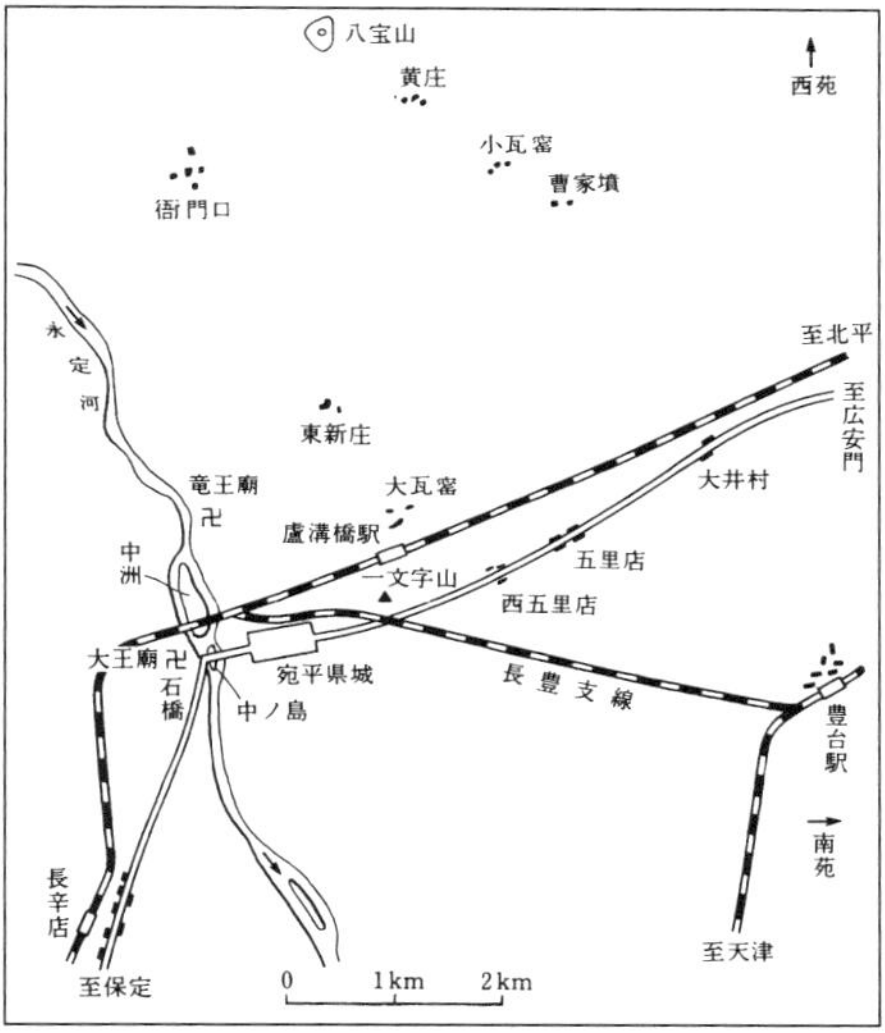

盧溝橋周辺地図（秦1996）

当時、北平一帯を守備する第二九軍（宋哲元）は第三七師（馮治安《ふうちあん》）を北平に、第三八師（張自忠）を天津に、そして第一三二師（趙登禹《ちょうとうう》）を河間に配置しており、日本側は支那駐屯軍第一連隊（牟田口廉也《むたぐちれんや》）第一大隊を北平に、第二大隊を天津に、第三大隊（一木《いちき》清直）を豊台に配置していた。当時、支那駐屯軍では七月九日から一六日にかけて実施される検閲に向けて演習が重ねられていた。

†盧溝橋事件

事件が起きたのは七月七日の午後一〇時四〇分頃であった。当日、第三大隊第八中隊長の清水節郎大尉は一三〇人を率いて永定河畔の荒蕪地において夜間演習を実施していたが、前段の演習が終了した一〇時四〇分頃、第二九軍が守備についていた堤防付近と思われる場所から二度の銃撃を受けた。集合した第八中隊は点呼を行ったが、兵一名の行方がわからなかった。中隊長は一木大隊長に報告し、大隊長は牟田口連隊長に報告して盧溝橋への出動を意見具申したところ、連隊長は同意し、盧溝橋に出動して中国側営長と交渉するよう指示した。その後兵はすぐに戻ったが、大隊長への報告が遅れた。大隊主力は一文字山に布陣し、斥候の報告から中国側の敵対意思が確実であると判断するに至る。

一方、北平では特務機関を中心に中国側と接触が図られ、盧溝橋そばの宛平県城に日中合同調査団を派遣して調査に当たらせることとし、当初は交渉による解決を目指した。中国側から城外には兵を配置せずとの回答があったが、午前三時二五分頃に再び竜王廟附近から銃声が聞こえた。午前四時二〇分、一木は連隊長に対して攻撃の許可を願い出たところ、牟田口大佐はやってよろしいと許可を出し、一木は午前五時、竜王廟と鉄道線の間を永定河に向って前進し、城内への攻撃を避けて城外にある兵に対する射撃準備を命じた。前進する一木大隊に対して守備する中国側は制止を試みるが、双方攻撃を開始した。七月八日、午前五時三〇分のことであった。

双方の攻撃は二時間程度で収束し、現地では九日には双方の撤退が行われ、一一日午後八時には停戦協定が成立した。この時点では、事態は局地的な事件で収束するかに見えた。

停戦協定が成立した一一日、東京では閣議が開かれ、午後六時半に関東軍の混成二個旅団・朝鮮第二〇師団に華北への派遣命令が下された。事件発生当初から、陸軍では石原莞爾参謀本部第一（作戦）部長らが対ソ戦備への憂慮から事態を拡大させないよう努めたが、時間の経過とともに、この際中国に対して一撃を加え、これまでの懸案を解決しようとする強硬派が徐々に力を増してきた。とくに中国中央軍の北上が伝えられると不拡大を主張していた石原も居留民保護のために一定の派兵も止むなしとの考えに至る。ただし、現地から停戦協定成立の知らせがもたらされたため、内地からの動員は見送られた。

一方、中国側では事件発生から日本側の計画的行動を疑い、蔣介石は宋哲元に対して固守を命じるとともに、中央軍の北上を命じた。蔣介石は依然として日本側が局部的な挑発を試みているのか、あるいは全面戦争を企図したものか判断しかねていたが、積極的に準備して決心を示すことによってのみ平和的に解決できると考えていた。だが、この中央軍の北上は日本側に中国の積極的な戦争準備と捉えられ、相互不信からお互いの出方を見誤る負の連鎖に陥る。中国側の中央でも同じように、停戦協定成立の翌日に日本軍が一五日に総攻撃を行うという誤報にもとづいて、河南省境に留め置いていた中央軍を河北省の保定まで進めることを決意し、戦争は避けられないとの思いを強くしていった。

†事態の拡大

中国側中央にとってのもう一つの問題は、現地で対応に当たる第二九軍をコントロールできなかったことにある。第二九軍は元来西北系の軍隊であり、中央直轄部隊ではなかった。したがって、軍長の宋哲元は自己の基盤である第二九軍を維持するためにも、必ずしも中央と同じ考えで動いていたわけではなかった。蔣介石もまた、宋哲元がどこまで信頼できるのかわからなかった。中央と現地との情報共有にも問題があり、蔣介石が一一日の停戦協定の内容を知ったのは、実に二三日のことであった。

現地の支那駐屯軍では、一四日に事変の拡大を憂慮する天皇の書簡が司令官宛に届けられ、挑発に乗らず速やかに協定履行の実を挙げることが目指された。また、第二九軍においても態度を軟化させ、一九日には現地日中双方の首脳により停戦協定実施細目の調印が行われた。しかし、一九日、二〇日と中国側からの不法射撃が繰り返され、日本側は協定の効力に疑問を持つことになる。

支那駐屯軍との交渉において、中国側は張自忠が担当したが、第二九軍は第三七師師長の馮治安ら主戦派と日本と交渉に当たる張自忠らの主和派に分かれており、主和派が結んだ協定が主戦派によって破られるということが繰り返されていた。宋哲元は張自忠に交渉を行わせる一方、馮治安と密に連絡を取っていた。二四日午後、日本側は宋哲元と会談を持ったが、宋は細目協定の内容を承知しておらず、また命令も令達されていなかったことが判明し、二五日には軍用電線を修理中の通信隊が射撃される廊坊《ろうぼう》事件が発生する。この日を境に現地日本側の態度は硬化し、第三七師撤退に関する最後通告を発するとともに、中央に対して積極的兵力行使を求め、参謀本部はこれに応じた。翌日には、居留民保護を目的として北平城内に向った部隊が城門において攻撃される広安門事件が発生し、駐屯軍は中央に対して平津地域の中国軍に対する攻撃任務を与えるよう具申し、陸軍中央はついに中国軍攻撃の新任務の付与と内地師団の動員・派兵を決定した。

これについて、事態の拡大に反対であった支那駐屯軍の橋本群参謀長は、武力行使を「本当に決心したのは広安門事件の時」であったと述べ、同じく中央で拡大に慎重であった参謀本部河辺《かわべ》虎四郎《とらしろう》戦争指導課長もまた武力行使決心の時期を廊坊・広安門事件であったとする。当時作戦課に勤務していた西村敏雄中佐が述べたように日中戦争は「廊坊事件を以て新に始まった」といえる。

二八日午前二時、宋哲元に対し「軍は茲《ここ》に独自の行動を執ることを通告す。尚北平城内に戦禍を及ぼさざる為即刻全部の軍隊を城内より撤去することを勧告す」と通告し、駐屯軍は午前八時より華北総攻撃を開始、宋哲元は同日夜に北平から撤退した。

†上海戦

華北総攻撃によって第二九軍は潰走し、日本軍は華北を縦断して南下し始めた。武漢まで南下されることを危惧した中国側は主戦場を華中の揚子江下流域に求めた。蔣介石は七月末から上海にあるガソリンや通信機材の購入を手配し、ドイツ式装備で訓練した最精鋭部隊である教導総隊を黄浦江南岸に集中するよう指示した。海軍陸戦隊の大山勇夫《たけお》中尉らが殺害された大山事件を機に上海での緊張が高まると、中国側中央は上海の包囲攻撃を決定し、この指示に基づき張治中は部隊を江湾、彭浦附近に配置した。また、一一日には大本営を設置し、一二日には国民党中央常務会議の秘密会議において、「本日より戦時状態に入ったと認める」と決議した。翌日は朝から散発的な小競り合いが生じたが、夕刻から継続的な戦闘状態に発展した。これを受けて一四日、張治中は蔣介石に対し、午後五時より攻撃を開始する旨通知した。局地的な小競り合いは広範囲におよぶ継続的な戦闘に発展し、ついに日中は全面戦争に突入した。

戦後、同じく上海での作戦を担任していた張発奎が、上海での最初の一撃は中国から仕掛けたと述べたように、上海での戦いは入念に準備されたものであった。したがって、日本は上海での戦闘に苦労し、開戦から二カ月で実に二万人もの死傷者を出し、兵力差でも劣る日本は困難に陥った。上海での戦闘が始まった当初は、五〇〇〇に過ぎない海軍陸戦隊だけで居留民を保護するのは困難なため、陸軍は上海派遣軍の動員を下令したものの、参謀本部第一部長であった石原は上海が危険なら居留民を引き上げ、損害を補償すれば戦争するより安くつくとして、依然として派兵に消極的であった。

九月末には上海における戦傷者数は華北の戦場におけるそれを上回り、石原に代って第一部長に就任した下村定《さだむ》は主戦場を華中に転換し、敵に有効な打撃を与える積極作戦を実施する方針を立てた。その意図は居留民の保護をこえて、さらに歩を進めて敵主力をたたき、戦争の終結を図るものであり、ここに至ってようやく不拡大方針が実際に放棄され、積極方針が採用された。第一〇軍が杭州湾に上陸し、中国軍を挟み撃ちにしたため、その後の戦局は日本に有利に展開し、一一月中旬には蘇州・嘉興《かこう》の制令線に達した。参謀次長の慎重姿勢もあり、当初は主力を上海近郊に留め、第一〇軍に対して南京追撃など不要な拡大を慎むよう指示したが、度重なる現地軍の意見具申に参謀次長もついに折れ、南京攻略が決定された。

†トラウトマン工作

この頃、日本側では首都攻略を控えて、第三国を通じた和平調停を本格化させた。とりわけ、戦争の長期化を危惧する参謀本部は中国との和平に積極的な姿勢を見せた。一一月五日、駐華ドイツ大使オスカー・トラウトマンは日本の依頼を受けて蔣介石に日本側の条件七項目を伝達した。しかし、当時は戦局が中国にそれほど不利ではなかったこと、ブリュッセルで九カ国条約会議が開かれていたこと、ソ連からの対日参戦をめぐる回答を待っていたことなどから、蔣介石は一旦日本の提案を拒絶した。その後、戦局は中国にとって不利となり、ブリュッセルでの会議も成果なく終わり、ソ連からも回答がなかったため、蔣は一二月初めに再度検討を行う。この頃には多くの指導者が一旦停戦して態勢を立て直す必要があると考えており、具体的な回答を作成すべく検討を始めていた。

一方、日本側では参謀本部を中心に国内の意見統一を目指していた。当初は南京攻略の態勢を取ったうえで講和を図ろうと考えていたが、作戦がどんどんと進行し、作戦指導が戦況に追いつけない状況が生まれた。一二月一三日にかつての首都であった南京が陥落すると、親日政権の育成に励んでいた現地軍からにわかに国民政府否認論が台頭し、また世論の後押しもあって講和条件は加重されていった。

一二月二六日に再度中国側に伝えられた条件は賠償を含むなど中国側が受け入れがたいものであったが、期限とされた翌年一月一〇日までに回答すべく議論が重ねられた。しかし、期限に至っても回答案がまとまらず、より詳細な内容を日本側に求めたため、日本側は改めて一五日を最終期限とした。そして、回答は明確な態度表明でなければならないが、和解への前向きな表面である限りにおいて、特定の問題についての具体的な反問であってもよいと通告した。

汪兆銘、張群（張羣）、孔祥熙《こうしょうき》らが具体的な反問を伴う回答の作成に着手し、一四日の国防最高会議においても多数の者が和平を唱えた。しかし、前線に出ていた蔣介石は反問を削除するよう命じ、結局中国が回答として伝達した口上書は一〇日のものと大差ないものとなった。中国側はなお検討の途上にあり、最終的な結論を出すことができていなかったが、日本は中国の回答を遷延策と見なし、一月一六日、「帝国政府ハ爾後《じご》国民政府ヲ対手《あいて》トセス」と発表した。これを受けて中国側もトラウトマンに対し、以後日本側からの条件が伝達されることを拒否すると伝え、公式の和平交渉はついに打ち切られることとなった。

さらに詳しく知るための参考文献

臼井勝美『新版　日中戦争――和平か戦線拡大か』（中公新書、二〇〇〇）……塘沽停戦協定から終戦までを簡潔かつ網羅的にバランスよく記述した概説書。一九六七年刊の旧版にはない新史料などを踏まえて記述されており、旧版とは別の本。だが旧版も参考になるところが多く、両方を読み比べるのも面白い。

内田尚孝『華北事変の研究――塘沽停戦協定と華北危機下の日中関係　一九三二～一九三五年』（汲古書院、二〇〇六）……塘沽停戦協定から盧溝橋事件前夜の時期を扱った緻密な実証研究であり、台湾で公開された中国側史料を用い、日中双方の史料を駆使して明らかにした労作。

北岡伸一・歩平編『「日中歴史共同研究」報告書』第二巻　近現代史篇（勉誠出版、二〇一四）……二〇〇六年から二〇〇九年にかけて実施された日本と中国による歴史共同研究の成果。日本側と中国側を読み比べることによって、日中双方の視点の違い、認識の差異が理解される。

秦郁彦『盧溝橋事件の研究』（東京大学出版会、一九九六）……盧溝橋事件について、日中双方の史料を用い、様々な角度から検証したもっとも詳細な研究。事件に焦点をあわせつつ、経緯や背景などについても理解が得られるよう工夫されている。また、主要参考文献と解題が付されており、研究動向や史資料の所在を把握する上でも非常に有用。

山田辰雄ほか編『日中戦争の国際共同研究』一～五（慶應義塾大学出版会、二〇〇六～一四）……日米中台の研究者によって行われた共同研究の成果。軍事、政治、経済、社会、文化、国際関係、対日協力政権など幅広いテーマを扱っている。刊行順に列記すると、『日中戦争の軍事的展開』『中国の地域政権と日本の統治』『日中戦争期中国の社会と文化』『国際関係のなかの日中戦争』『戦時期中国の経済発展と社会変容』の五冊である。日中戦争に関する現時点での研究水準と問題関心を示しており、より深く理解するための恰好の叢書となっている。

第9講　日中戦争の泥沼化と東亜新秩序声明

戸部良一

†「対手トセス」声明

一九三八（昭和一三）年一月一六日、日本政府は「爾後《じご》国民政府ヲ対手《あいて》トセス」との声明を発表して、トラウトマン工作を打ち切った。この政府声明には、二つの伏線があったと思われる。

一つは、国民に長期戦の覚悟を求めるという狙いである。盧溝橋事件後に「北支事変」と呼ばれた日中軍事紛争が第二次上海事変後、全面戦争の様相を帯びて「支那事変」と改称された頃、日本では宣戦布告の是非が検討された。検討の結果、宣戦布告は見送られた。宣戦を布告した場合、国際法上、中国沿岸の封鎖が可能になるなどプラスの点もあったが、アメリカの中立法が発動されて、軍需物資の輸入が難しくなるマイナスがプラスを上回ると判断されたからである。中国も日本に宣戦を布告しなかった。したがって日中戦争は、太平洋戦争（大東亜戦争）まで、国際法上は「戦争」ではなかったのである。

こうした法的フィクションは、国民の意識にも影響を及ぼした。「事変」であるならば、事態はいつか簡単に収束するという楽観的な見方がなかなか抜けきれなかったのである。政府や軍は、いずれ何らかの機会に声明を発表し国民の意識に変化を促そうと検討していた。トラウトマン工作が挫折して「事変」長期化が避けられなくなったとき、これこそ政府声明を発表すべき機会だとされ、国民に長期戦の覚悟を求め、本格的な戦時意識を植え付けようとしたのであった。

もう一つの伏線は、国民政府否認論の高まりである。首都南京を陥落させたからには戦争に勝ったのも同然であり、中国に対して降伏条件を突きつけても当然である、との考えが強まった。日露戦争以後、初めて開かれた御前会議（一月一一日）では、中国が日本の条件を受け入れないならば、現政権（国民政府）を相手にせず、国民政府に代わる新しい中央政権の成立を促し、その政権との間に望ましい国交関係を樹立しよう、という方針が定められた。

一月一六日の政府声明の二つの伏線は、「対手トセス」という文言の曖昧さに反映された。国民に長期戦の覚悟を求めることが狙いであるならば、声明の主旨は必ずしも国民政府否認ではなかった。「対手トセス」には、今回の和平交渉は中止するが、中国国民政府

第二次上海事変、防毒面を着用した海軍陸戦隊（鈴木貞吉『支那事変写真帖――昭和十二年湖東会戦編』1938）

が態度を改めるならば、将来また和平交渉を行うこともあり得る、という意味も込められた。ところが、帝国議会等でこの文言の曖昧さを批判されると、近衛（文麿）首相も広田（弘毅）外相も、国民政府との和平交渉は今後一切行わず、同政府を「抹殺」するまで戦い続ける、と答弁することになる。こうして「対手トセス」は、国民政府「否認」を意味するものとなり、日本の「事変処理」政策を厳しく拘束してしまうのである。

†大本営と現地軍

盧溝橋事件以前、日本陸軍は一七個師団を擁していたが、事件後半年の間に七個師団を増設した。こうした新設師団や既設師団の動員のために、武器・弾薬の供給が追いつかず、一九三八年二月、大本営は当面、積極的な作戦は行わないことに決めた。ところが、現地軍の要請により、大規模作戦が始まってしまう。それが四月の徐州作戦である。

大本営は前年一一月、日露戦争後初めて設置されている。その狙いは、当時雪崩を打って敗走した中国軍を急追する現地日本軍にブレーキをかけることにあったと言われる。大本営の権威によって現地軍を統制しようとしたのであった。しかし、奔馬のような現地軍の進撃を止めることはできなかった。大本営は現地からの圧力に押されて南京攻略を命じることになってしまう。徐州作戦の場合も、大本営は現地軍の圧力に抗しきれなかった。

徐州作戦のきっかけとなったのは、北支那方面軍に属する部隊（第二軍）が津浦線《しんぽ》（天津―上海）沿いに南下したところ、その一部が徐州の東北にある台児荘で中国軍の大集団に遭遇し、不利に陥って戦線を離脱したことであった。台児荘の戦いは、日本軍にとって戦術的後退にすぎなかったが、中国側は日中戦争開始以来の大々的な勝利と喧伝した。北支那方面軍は中国軍大部隊（約四〇万）の集結を知り、中支那派遣軍と協力して北と南から中国軍を包囲殲滅しようとした。しかし、そのためには兵力があまりにも少なく、五月中旬に要衝の徐州を陥落させたものの、中国軍は日本軍の包囲網をすり抜けて逃走した。日本軍の一部は大本営の制止を無視して中国軍を追撃し鄭州に迫ったが、蔣介石は黄河の堤防を決壊させてこれを防いだ。日本軍の進撃は止まったが、数百万の中国人に洪水の被害が及んだ。

日本軍の占領地が拡大するにつれ、その地域の治安維持と復興を図るため現地政権の樹立工作が進められた。一九三七年一二月には、北京に中華民国臨時政府が擁立され、翌三八年三月には南京に中華民国維新政府が成立した。しかし、いずれも軍閥時代の古いタイプの政治家を寄せ集めた弱体政権で住民の支持を得ることは難しく、重慶に遷都した国民政府（蔣介石政権）の抗戦も弱まる気配を見せなかった。ある日本軍人は重慶政権と北京・南京政権を比較して、まるで釣鐘と提灯のようだと評している。北京・南京政権は軽すぎたのである。

こうした状況の推移を見て近衛首相は方針を転換するため五月末から六月にかけて、外相・蔵相・陸相といった主要閣僚を交代させる内閣改造に訴えた。また、前年一一月に大本営が設置されたとき、政戦両略の一致を図ることを目的として大本営政府連絡会議が設けられたが、近衛首相は二月以降、この連絡会議を開かなくなった。連絡会議では、トラウトマン工作のときに和平条件や工作継続の可否をめぐって激しい論争があり、その後も政府と参謀本部との間にきびしい意見の対立があった。近衛首相は、論争を嫌ったのである。そして彼は、大本営政府連絡会議ではなく、五相会議で日中戦争に関する重要方針を決めることとした。つまり、日中戦争の指導は、統帥部（参謀本部と海軍軍令部）を外し、首相・外相・蔵相・陸相・海相から成る五相会議で進めようとしたのである。

†五相会議と宇垣工作

五相会議は、「事変」解決方針として次のような三つのオプションを検討した。第一案は、臨時政府、維新政府、さらに今後成立するはずの蒙疆《もうきょう》政権を合体させて新中央政権を樹立し、これと新しい国交関係をつくろうとするものであり、第二案は、新中央政権のトップに三政権とは直接関係しない在野の有力者を据えようとするもの、第三案は、新中央政権の構成分子に、反省した改組国民政府を加えようとするものであった。五相会議は、これら三つのオプションの間に必ずしも明確な優先順位を付けなかった。この方針鼎立のため、末端ではそれぞれの方針に従う様々の工作が実行され、互いに競合する錯綜した状況が生まれた。

そうした工作の一つが宇垣工作と呼ばれる和平の動きである。これは、六月下旬、香港総領事の中村豊一《とよいち》と孔祥熙《こうしょうき》（行政院長）の秘書・喬輔三との接触から始まった。新任の宇垣一成《かずしげ》外相はこの和平工作に積極的に取り組んだ。宇垣のもとには、やはり孔祥熙の秘書・賈存徳につながる小川平吉・萱野長知《かやのながとも》（中国同盟会員）のルートや、蔣介石のブレーンの一人である張季鸞《ちょうきらん》（大公報主筆）と接触していた神尾茂（朝日新聞顧問）のルートなどからも中国側の見解に関する情報が提供された。こうした情報にも基づいて宇垣外相は、和平条件として蔣介石の下野を中国側に要求した。蔣下野によって国民政府が反省したものと見なし、反省した国民政府を新中央政権の構成分子として認める、というのが宇垣の筋書であり、実質的には国民政府が新中央政権の主体となることも容認する考えであったと見ることができる。宇垣工作は、五相会議の第三案に基づきつつ、「対手トセス」の拘束を乗り越えようとした。

だが、中国側は蔣下野を受け入れなかった。日本政府や陸軍では、宇垣の和平工作に対して根強い反対があった。近衛首相も宇垣を支持してくれるようには見えなかった。こうして宇垣工作は挫折し、九月末に宇垣は突如、外相を辞任してしまう。「対手トセス」の変更には強い抵抗があった。

一方、五相会議の第一案は、三政権の弱体性と相互の反目のため、進捗しなかった。第二案の在野有力者として候補とされた国民党長老の唐紹儀《とうしょうぎ》は、宇垣辞任と同じ頃、重慶側のテロによって暗殺された。その後、候補は軍閥政治家の呉佩孚《ごはいふ》に絞られたが、呉は日本側とのらりくらりとした交渉を続け、結局一九三九年末、病死した。

宇垣工作がまだ進行中であった頃、中国の戦場では大規模な作戦が展開されつつあった。中支那派遣軍の隷下に第一一軍が編成され、これを主体として、一九三八年六月から漢口作戦が始まっていたのである。日本軍は中国軍の頑強な抵抗と、劣悪な道路事情と、堪えがたい暑熱と伝染病に悩まされながら、長江両岸を西進し、一〇月下旬武漢三鎮をようやく攻略した。ほぼ同時に、第二一軍がバイヤス湾の上陸に成功し、広東（広州）を占領した。日本は、北から天津、青島、上海、広東という主要港湾都市を占領し、北京、南京、漢口という内陸の政治・軍事中枢都市を攻略した。にもかかわらず、重慶を首都とする国民政府の抗戦は続いた。そして日本の軍事能力はほぼ限界に達し、広大な占領地の確保だけで手いっぱいで、これ以降、大規模な作戦を遂行することは困難となったのである。

†政治的解決の試み

軍事力による「事変」解決が限界に達したとすれば、軍事力以外の手段つまり政治的・外交的手段によって解決を図らなければならなかった。外交的手段としては、独伊との提携が考えられた。ドイツとの提携には、ソ連の日中戦争介入を防止し、ソ連の援蔣行為（蔣介石政権援助）を牽制する狙いがあった。イタリアとの提携には、イギリスを牽制してその援蔣行為を抑制し、さらにはその中国権益を保障することを通じて、イギリスを日中間の和平調停のために行動させる期待があった。こうした独伊との提携策はやがて防共協定強化（独伊との同盟）の動きにつながっていく。

汪精衛（兆銘）に対する和平の試みも、政治的手段による解決という文脈で理解することができる。この工作は、中国側の董道寧《とうどうねい》（前外交部亜州司日本科長）、その上司の高宗武《こうそうぶ》（前亜州司長）と日本側の西義顕（満鉄南京事務所長）、松本重治《しげはる》（同盟通信上海支局長）との接触から始まり、それに陸軍の影佐禎昭《かげささだあき》（陸軍省軍務課長）と今井武夫（参謀本部支那班長）が加わった。一九三八年二月には董道寧が、七月には高宗武がひそかに来日して、日本側の意図を直に確認しようとした。その後、病気がちの高宗武に代わって梅思平《ばいしへい》（元江寧実験県長）が松本との連絡・交渉にあたり、松本が病に倒れると、その後を犬養健《たける》（代議士）が引き継いだ。一一月には影佐、今井が西、犬養とともに上海に赴き、高、梅との間に和平に関する合意を成立させた。

汪兆銘（左）と蔣介石。満州事変当時

この工作の当初の狙いは、重慶政権内部で蔣介石の抗日政策に反対する和平派を結集し、その圧力で蔣介石を下野させることにあった。反蔣和平派のリーダーと目されたのが汪精衛である。しかし、やがて蔣下野強制は無理であると判断され、汪精衛が重慶を離脱し、日本にも重慶政権にも属さない第三勢力として和平運動を展開することにより、将来、重慶政権を和平に転向させる、ということに狙いが転換した。日本の和平工作当事者以外は、汪に続いて反蔣派の有力な政治家や軍人が重慶政権から離反する可能性を重視し、蔣介石政権弱体化の「謀略」としての効果に期待を寄せた。

一二月中旬、汪はひそかに重慶を離脱しハノイに到着した。これに呼応して近衛首相は声明を発し、中国による満州国承認、防共協定の締結と日本軍の駐屯、経済提携と資源開発での日本への便宜供与、戦費賠償と領土を求めないこと、などを謳った。しかし、この近衛声明には、事前に合意され汪が最も重視していた日本軍撤兵についての言及がなかった。

一九三九年三月、ハノイの汪の隠れ家が重慶のテロ組織によって襲撃され、汪は助かったものの、彼の腹心が殺害された。それまでヨーロッパへの亡命の可能性も考慮していた汪は、この襲撃事件の後、方針を大きく転換する。第三勢力として和平運動を展開するにとどまらず、日本軍占領地の南京に和平政府を樹立する、というのが新しい方針であった。この方針転換は日本側の圧力によるものだと見なされてきたが、日本側の当事者たちが残した記録を見る限りでは、汪自身の決断だったようである。汪は、和平政府の実績を示すことによって重慶政権を和平の方向に促す、という展望を描いた。しかし、それは占領地管理のための日本の傀儡に堕してしまう危険性をはらんでいた。方針転換を聞いた西は、それでは本来の趣旨から外れてしまうと批判して、汪工作から離れていった。

†何のための戦いか

一九三八年一一月三日、近衛首相は、日中戦争の目的として「東亜新秩序」の建設を表明した。新秩序とは、「日満支三国」が相携えて政治・経済・文化等各般にわたる「互助連環」の関係を樹立し、「国際正義の確立、共同防共の達成、新文化の創造、経済結合の実現」を図るものとされている。そして、たとえ国民政府であっても、これまでの「指導政策」を放棄し、その「人的構成を改替して」新秩序の建設に参加するならば、日本としても、これを拒むものではない、と呼びかけたのである。

東亜新秩序声明の眼目は、日本の戦争目的を表明した点にあった。なぜ、この時点で戦争目的を表明しなければならなかったのか。日本人の多くが、何のために中国と戦い続けているのか、理解できなかったからである。しかし、戦争目的として表明された東亜新秩序はあまりにも抽象的かつ曖昧であり、これによって、何のために中国と戦っているのか、当時の日本人が納得できたかどうかは疑問である。

この声明は戦争目的を明確化するという国内向けのアピールであると同時に、中国側への呼びかけでもあった。武漢三鎮と広東の陥落により、重慶の国民政府が抗日政策を放棄し、蔣介石を下野させて改組することを期待したのである。上述した五相会議の第三案に基づくものであったと言えよう。しかし、重慶政権の抗日姿勢に変化は見られなかった。この声明の約一カ月半後、汪精衛が重慶を離脱したが、汪に続いて重慶を離脱した有力者はごく少数にとどまり、日本側には失望が広がった。

汪精衛は南京に和平政府を樹立するという計画について、日本側の了解を得ようとするが、日本政府や軍では、当初その計画に全面的に同調しようとはしなかった。汪の計画は、五相会議の第二案のラインでとらえられ、当面、呉佩孚工作と競合したのである。その後、紆余曲折を経て、ようやく一九四〇年三月末、汪精衛は南京に中央政府を樹立し、国民政府の還都（首都への帰還）という形式をとって正統政権であることを標榜した。

だが、日本はただちに同政権を承認したわけではなかった。汪政権の弱体性に対する失望から、桐工作と呼ばれる重慶政権との和平工作が進められたからである。日本側でこの工作に従事したのは鈴木卓爾（支那派遣軍付）、今井武夫（支那派遣軍参謀）、臼井茂樹（参謀本部第八課長）で、浙江財閥の宋兄弟の一人、宋子良と接触し、彼を介して重慶側との交渉が進められた。この軍が進めた和平工作には、二度目の首相に就任していた近衛も、昭和天皇も、一時大きな期待をかけた。長沙で蔣介石、板垣征四郎（支那派遣軍総参謀長、前陸相）、汪精衛の三者会談を開いて和平を実現する、という合意が成立しそうに見えたのである。しかしやがて、桐工作での重慶側の狙いは日本を牽制し混乱させる謀略であることが判明する（実は宋子良は偽物で重慶側の諜報工作員であった）。同年一一月三〇日、日本が日華基本条約を結んでようやく汪政権を承認したのは、桐工作打ち切りの後であった。

日華基本条約締結に至るまでの交渉過程は長く、当事者にとって重い負担を強いるものとなった。日本側が多方面にわたる膨大な特権を要求したため、当初から汪精衛の和平行動の同志であった高宗武と陶希聖は、ひそかに汪精衛の陣営から離脱し、日本側との交渉内容をメディアに暴露した。その後も汪側は日本側の要求に抵抗したが、結局は押し切られた。日本側は、重慶政権との和平の可能性が遠のき、汪政権の弱体性が予想されるからには、長期持久戦の軍事的必要と占領のために、できるだけ多くの特権を確保しなければならないと考えた。こうして、その統治地域が実質的に日本軍に占領されていた汪政権は、占領日本軍や日本人顧問による過剰な干渉と監督を受けた。和平による実績を挙げて統治下の住民の支持を得ることはできなかったのである。

†軍事的限界

漢口、広東を攻略した後、日本軍は大規模な進攻作戦を実施できなくなった。上述したように、「事変解決」は主として政治的・外交的措置に委ねられた。軍事的には、「治安第一主義」が打ち出された。重大な必要が生じない限り、占領地の拡大は考えず、既存の占領地の安定確保に重点が置かれたのである。

もちろん軍事作戦がなくなったわけではない。中国軍が戦力を集中し攻撃に出てくる気配を見せたときには、その機先を制して攻撃を加え、多くの場合、日本軍は勝利を収めた。日本軍は中国軍の集中地区を攻撃し、その地区から中国軍を追い払った。ただし、兵力の限界のため、そこを占領することはなく、作戦が終了すると元の駐屯地に戻るのが通常であった。日本軍が原駐地に引き揚げると、追い出されていた中国軍が戻ってくる。そして中国軍は、日本軍の攻撃を撃退した、と高らかに勝利を謳い上げる。このような戦いが何度も繰り返された。ある日本の軍人によれば、中国軍は何度追い払っても付きまとってくるハエのようであった。

一九三九年一二月、中国軍は華北、華中、華南の全戦線にわたって大規模な反攻を開始した。いわゆる冬季攻勢である。日本側は、中国軍が長大な戦線で同時に攻撃を開始し、しかもそれを長期間（約四〇日）継続する能力を持っているとは予想していなかった。一部では中国軍の攻撃によって壊滅の危機に陥った部隊もあり、日本軍は多くの犠牲を払って何とか中国軍の攻勢を撃退した。漢口・広東作戦によって中国軍は回復不能なほど弱体化したはずだ、という判断は誤っていたことを日本軍は思い知らされたのである。

ただし、中国軍の本格的な大規模反攻はこの冬季攻勢だけにとどまった。中国軍は、正規軍による通常戦でも、通常戦以外のゲリラ戦でもよく戦ったが、日本軍に大打撃を与えて敗北に追い込むことはできなかった。一方、日本軍は、戦闘ではほとんどの場合に勝利を収めたが、中国を屈服させることはできなかった。広大な地域を占領していても、実質的にコントロールできたのは「点と線」だけであったと言われるように、兵力不足による制約がつきまとった。占領地域によっては、治安維持もままならず、ゲリラ活動に悩まされるケースも少なくなかった。こうして日中戦争は、日本と中国のどちらも戦争に勝てず、どちらも負けないという膠着《こうちゃく》状態に入っていった。

一九三九年一二月の時点で、日本陸軍が中国に派遣していた兵力は約八五万人（二五個師団）に達している。戦死者は、大東亜戦争開戦までに一八万五〇〇〇人を超え、戦傷者も三二万五〇〇〇人を数えた。中国側の犠牲はこれをはるかに上回った。日中戦争は、日本がそれまで戦ったなかで、最も規模が大きく最も犠牲の大きな戦争となっていた。これだけの規模の兵力を派遣し、これだけの犠牲を払っても戦争に勝つことはできなかった。

やがて日本では、日中戦争を日中二国間だけの戦争としてではなく、「世界的大変動」の一環として解決する以外に方法はないのではないか、という考えが生まれてくる。一九三九年九月のヨーロッパでの大戦勃発や、翌年五月以降の西部戦線でのドイツ軍の快進撃は、そうした「世界的大変動」の到来を思わせた。「世界的大変動」の好機をつかむため、そしてさらにはその好機をつかんで日中戦争を解決するため、日本政府や軍の関心は、中国の戦場から、欧米諸国の植民地である東南アジアに向かっていくのである。

さらに詳しく知るための参考文献

家近亮子『蔣介石の外交戦略と日中戦争』（岩波書店、二〇一二）……公開された『蔣介石日記』や中国側の史料を駆使して、日中戦争前後の蔣介石の対日外交戦略を明快に分析している。

臼井勝美『新版　日中戦争――和平か戦線拡大か』（中公新書、二〇〇〇）……日中戦争に関して最もコンパクトで信頼性が高い研究。旧版（一九六七）は日中戦争勃発後の展開に重点が置かれていたが、新版では戦争の前史をも詳しく扱っている。

北岡伸一・歩平編『「日中歴史共同研究」報告書』第二巻　近現代史篇（勉誠出版、二〇一四）……二〇一〇年に発表された報告書を公刊したもの。日中戦争だけがテーマではないが、近代以降、日本の敗戦まで各時期の日中関係について、日中それぞれの研究者によって執筆された論文が並置されており、読み比べると面白いだろう。

軍事史学会編『日中戦争の諸相』（錦正社、一九九七）……日中戦争勃発六〇周年を記念して出版された論文集。戦時経済と占領地統治、第三国の日中戦争への関わりなどを考察した論文が特徴的である。

軍事史学会編『日中戦争再論』（錦正社、二〇〇八）……日中戦争勃発七〇周年を記念して編纂された論文集。インテリジェンスやプロパガンダなど新しい分野に取り組んだ論文が興味深い。南京事件についても堅実な研究が収められている。

戸部良一『ピース・フィーラー——支那事変和平工作の群像』（論創社、一九九一）……和平工作をめぐる日本の政策決定の実態を実証的に考察している。

日本国際政治学会太平洋戦争原因研究部編『太平洋戦争への道』第四巻（朝日新聞社、一九六三、新装版／一九八七）……日中戦争に関する実証的研究の先駆け。今や古典といってよい必読文献。

秦郁彦『日中戦争史』（河出書房新社、一九六一／復刻新版、二〇一一）……著者は『太平洋戦争への道』の執筆者の一人。日中戦争の軍事的側面に関する先駆的研究として評価が高く、何度も復刻された。

波多野澄雄・戸部良一編『日中戦争の軍事的展開』（慶応義塾大学出版会、二〇〇六）……現在五巻刊行されている「日中戦争の国際共同研究」のなかの第二巻。表題にあるとおり、軍事的側面に焦点を当てた論文集。戦略・戦術、作戦・戦闘だけでなく、士気、兵器、組織なども考察の対象とされている。

劉傑『日中戦争下の外交』（吉川弘文館、一九九五）……和平工作を、戦争後に構築すべき日中関係構想と関連づけて考察した実証的な研究。戸部の研究に対する批判を含んでいるので、読み比べるとよい。

第10講 ノモンハン事件・日ソ中立条約

花田智之

†満ソ国境紛争

一九三〇年代の日ソ関係は軍事史と外交史により彩られていた。満州事変とその後の満州国建国以後、日ソ間・満ソ間では満蒙権益確保をめぐる係争が間断なく続けられた。防衛庁防衛研修所戦史室『戦史叢書 関東軍〈1〉』では、この時期の満ソ国境紛争が一九三二年から三四年までに一五二回、一九三五年に一七六回(ハルハ廟事件など)一九三六年に一五二回(長嶺子事件など)、一九三七年に一一三回(乾岔子《カンチャズ》島事件など)、一九三八年に一六六回(張鼓峰事件など)、一九三九年には一五九回も起きたと記録している。

こうした日ソ間の軍事的対立は一九三六年六月に改定された「昭和十一年国防方針」に反映され、仮想敵国は米国とソ連(併せて中華民国と英国)であるとされた。また同年八月の四相会議(首相、外相、陸相、海相)で決定された「国策の基準」で、北方の軍備は「蘇国ノ極東ニ使用シ得ル兵力ニ対抗スルヲ目途トシ特ニ其在極東兵力ニ対シ開戦初頭一撃ヲ加エ得ル如ク在満鮮兵力ヲ充実」させるよう、ソ連およびモンゴル人民共和国の軍事的脅威の増大に対応するため、先制主義・短期決戦を軍事戦略の基本とすることが定められた。さらに国際政治環境として、一九三八年夏頃から日独伊防共協定を対ソ、対英の軍事同盟へと強化する動きが日独伊三カ国の間で生まれ、日本国内では陸海軍の戦略方針をめぐる対立が浮上した（いわゆる防共協定強化問題）。

他方、一九三〇年代のソ連の軍事と外交に目を向けると、この時期はソ連の対日強硬姿勢が確立してゆく時期と見ることができる。軍事面ではソ連共産党・軍指導部が満州事変とその後の満州国建国に対する強い警戒感から、関東軍の軍事進攻に備えるため極東防衛に大きな関心を払い、第二次五カ年計画に基づいて特別赤旗極東軍の大幅な増員や技術装備を強化した。また極東地域における大規模な軍事インフラの建設により、ソ連軍（労農赤軍）の近代化を段階的に達成していった。

これに対して、外交面では一九三一年一二月にマクシム・リトヴィノフ外務人民委員と芳沢謙吉駐仏大使（翌月から外務大臣）との会談でソ連側から日ソ不可侵条約の締結が提議された。しかしながら日本側は約一年間これに回答せず、翌年の一九三二年一二月になってようやく日ソ両国がケロッグ・ブリアン条約（パリ不戦条約）に参加しているので改めて二国間条約を結ぶ必要はないと拒否した。

さらに国際政治環境を見ると、一九三六年一一月に締結された日独防共協定に基づく反共・反ソ陣営に対抗するための軍事・外交戦略として、ソ連は東西国境への挟撃という危機を回避するため、自国の軍事力増強だけでなく中華民国やモンゴル人民共和国との軍事同盟を締結することで東アジアでの集団安全保障を構築した。特に一九三七年八月に締結された中ソ不可侵条約は、ソ連から中華民国への航空機支援や武器提供を明文化したものであり、間接的に日ソ関係の緊張の度合いを高めることとなった。これらは一九三五年七月に開催された第七回コミンテルン大会にて反ファシズムを掲げた統一人民戦線の「徹底的展開」や、一九三九年三月に開催された第一八回共産党大会にてスターリンがファシズム勢力に対する英米仏の不干渉政策および譲歩を非難したことと連動している。

こうした日ソ間の緊張した軍事・外交的背景の下、日ソ両国は一九三九年五月を迎えることとなった。

†ノモンハン事件の実相①——紛争の契機

日本では広く「ノモンハン事件」と呼ばれ、ロシアやモンゴルでは「ハルハ河戦争」と呼ばれることの多いこの戦いは、一九三九年五月から九月までの約四カ月間にわたり、日満軍とソ蒙軍との間で繰り広げられた激しい近代戦であった。これらの二つの呼称が示すように、この戦いは満州国とモンゴル人民共和国の国境地域であったハルハ河東岸に位置するノモンハン・ブルド・オボー（チベット仏教の聖者塚）一帯で行われた局地紛争であった。この戦いの主な原因は、満蒙国境をめぐる日ソ間の認識の相違と考えられ、日満軍がハルハ河を、ソ蒙軍がハルハ河の東方約二〇キロメートルを国境線と認識していたことに起因するとされる。

ノモンハン事件はこれまで東京裁判（極東国際軍事裁判）の影響などにより、中央の参謀本部の不拡大方針を無視した現地の関東軍が満蒙国境を「越境」して紛争を惹起・拡大させて、ソ連の機械化軍団の反撃を受けて一方的に大敗した戦いであると見られていたが、近年の研究成果ではこの戦いは日ソ両国ともに数多くの死傷者数を出していたことが明らかになっている。ロシア軍事科学アカデミー元教授のグリゴリー・クリボシェーエフによれば、ソ連側の死傷者数はソ連崩壊後の史料公開の影響からか大幅に増加して、二万五五六五人とされており、現代史家の秦郁彦による日本側の死傷者数の分析結果である約一万八〇〇〇人から二万人までの範囲を大きく上回っている。

ノモンハン事件の発端は、一九三九年五月一一日と一二日にモンゴル軍騎兵隊による「越境」行為が続く中で、国境警備担当の満州国軍がこれを撃退したことであるとされる。

当時の関東軍の戦略方針は同年四月二五日に関東軍司令官の植田謙吉大将により示達された「満ソ国境紛争処理要綱」に色濃く反映されており、ソ連の不法行為に関しては「断乎徹底的ニ膺懲《ようちよう》スルコトニ依リテノミ」対処することが明言された。そしてこの目的を達成するため、一時的にソ連領へ進入することや、ソ連兵を満州国領に誘致・滞留させるだけでなく、越境してきたソ連軍を殲滅するために国境外へ兵を進める意思も明示された。さらに国境線が明確でない地域では「防衛司令官」が自主的に国境線を認定して「無用ノ紛糾惹起ヲ防止スル」ものとされ、満蒙国境地域では第二三師団長の小松原道太郎中将がこの任務に当たった。近年の研究成果では、インディアナ大学教授の黒宮広昭が小松原師団長の「ソ連スパイ説」を検証している。そして彼がモスクワ日本大使館の駐在武官であった一九二〇年代後半にハニートラップに引っ掛かったことでソ連の対日インテリジェンスへの協力を開始し、ノモンハン事件の作戦指揮で日満軍が敗退するように導いたと指摘しているが、確証には至っていない。

これに対して、ソ連共産党・軍指導部はノモンハン事件を当初より日満軍によるモンゴル人民共和国への「組織的な国境侵犯」として認識していた。旧ソ連時代のように、いわゆる「田中上奏文」という偽書の存在を肯定して論じることは今日ほとんど目にすることがないものの、その真偽性を問う以前の問題として、偽書の有する侵略的意図があたかも日本の軍国主義やその後の太平洋戦争への道を具現化していると連想する思考パターンは存在するようだ。また関東軍参謀部が一九三八年に作成した八号作戦計画乙案（ソ連領への軍事進攻に関し、北部・東部国境への攻撃という甲案ではなく、西部国境に兵力を結集して攻撃することを計画したもの）と関連させて、ノモンハン事件を日満軍による計画的な軍事進攻と説明することもある。

ハルハ河東岸へのモンゴル軍の「越境」に対し、小松原師団長は植田司令官の意図を体現すべく、モンゴル軍を撃破するため東八百蔵《あずまやおぞう》中佐を指揮官とする捜索隊を派遣し、歩兵第六四連隊第一大隊および捜索隊の主力部隊に出動を命じた。これに対してソ蒙軍は新たな攻撃を決行し、一時はハルハ河右岸地区まで進出を果たしたが、小松原師団長は五月二一日に山県武夫大佐を指揮官とする支隊を派遣して進出してきたソ蒙軍を殲滅するよう攻撃命令を下している。この戦闘で日満軍は東中佐が戦死し、ソ蒙軍はレチシン中佐が戦死するなど、双方とも大きな犠牲を強いられる形となった（第一次ノモンハン事件）。

ソ連共産党・軍指導部は極東での緊急事態を受けて、ベロルシア軍管区司令官代理のゲオルギー・ジューコフ中将を極東へ派遣することになった。ソ連崩壊後に公開された『ジューコフ元帥回想録』の増補版によると、彼は着任に際し、一九三六年三月一二日に締結されたソ蒙相互援助議定書の義務に基づいてモンゴル人民共和国を軍事支援すると明言した。そして「日本政府はモンゴル人民共和国への国境侵犯という真の目的を隠すため、自分たちの侵略行為を国境紛争だとする国際世論を喚起する決定を下した」とし「軍事進攻の開始時には大軍による軍事行動を起こさず特殊任務を帯びた部隊を進攻させ、軍事行動の発展に伴ってその兵力を増強するよう決定した。これは赤軍への攻撃が結果として好ましくない状況に陥った場合、攻撃への着手を中止して自国領へ撤退することを想定していた」と自らの分析を交えて記述している。

新たに第五七特別軍団司令官に補されたジューコフは、ハルハ河東岸地区への攻撃に備えるべく縦深《じゅうしん》陣地の強化を命じたほか、狙撃三個師団、戦車二個旅団、装甲車三個旅団、砲兵四個旅団、航空六個連隊もの大幅な増強を果たした。こうしてハルハ河両岸のソ蒙軍の兵力は徐々に増大してゆき、ソ連の航空機が頻繁にハルハ河を越えて行動するようになった。

†ノモンハン事件の実相②――紛争のエスカレーション

六月二七日深夜に遂行された日本軍の飛行部隊によるタムスク（タムサグ・ボラク）航空基地への奇襲空爆後、ノモンハン事件は満蒙国境での越境行為に対する「膺懲活動」を越えて拡大してゆき、ハルハ河東岸での安岡正臣中将を指揮官とする戦車団とソ蒙軍の戦闘やハルハ河西岸でのバイン・ツァガンでの戦闘へと展開していった。

ソ連崩壊後に公開されたロシア国立軍事公文書館（RGVA）の一次史料によれば、バイン・ツァガンでの戦闘後、七月一二日にクリメント・ヴォロシロフ国防人民委員とボリス・シャポシニコフ赤軍参謀総長の連名電報が極東方面軍集団司令部（司令官はグリゴリー・シュテルン上級大将）へ届けられた。同電報では、ソ蒙軍の主力部隊であった第八二狙撃師団を戦闘に投入してはいけないと警告していたにもかかわらず、現地の軍司令部がこれを実行したことや、戦車部隊を使用したことは許し難い軽率な行為であったことなど、作戦戦闘への非難が述べられている。また七月一四日、当時チタに派遣されていたグリゴリー・クリーク国防人民委員代理の命令でソ蒙軍の現地部隊がハルハ河東岸から西岸へ退却すると、ヴォロシロフとシャポシニコフはこれを叱責する電報を打ち、直ちに元の状態を回復するよう命令している。

ノモンハン事件はこれまで日本軍部における参謀本部と関東軍の戦略方針の対立を非難する形で研究されることが多かったが、実際にはソ連軍部にも中央の赤軍参謀本部と現地の軍司令部との間で日満軍への応戦に関する戦略方針の相違が存在したことがわかる。

七月一九日に第五七特別軍団を基幹とした諸部隊が第一軍集団へと再編され、ジューコフが同司令官に任命された。ジューコフには前線部隊の指揮官として作戦指導する権限が

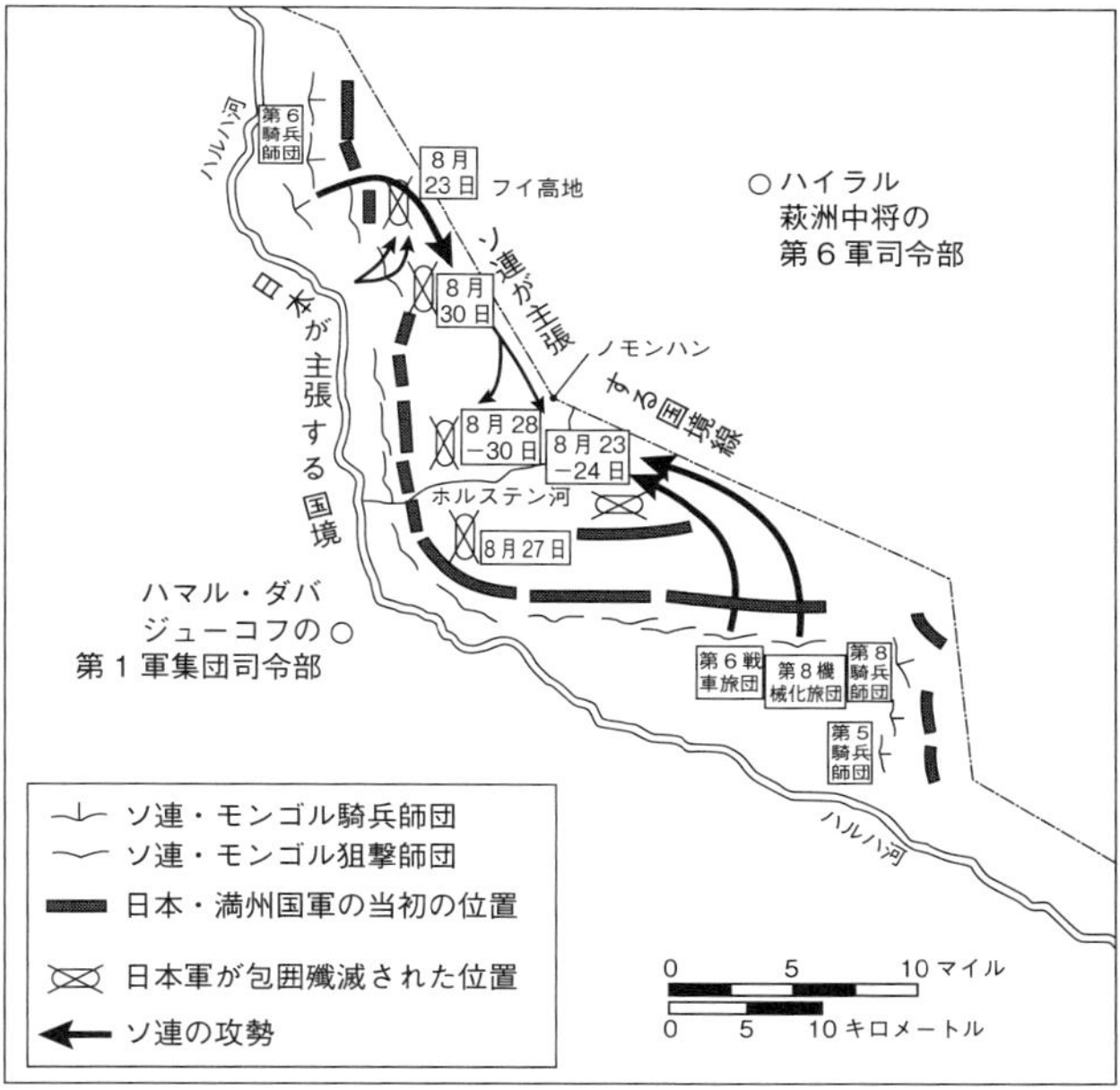

ノモンハンの戦い――1939年8月20－31日（ジェフリー・ロバーツ『スターリンの将軍ジューコフ』白水社、2013）

与えられ、これはソ蒙軍が八月攻勢の準備段階に入ったことを意味していた。八月半ばまでの約一カ月間で、第一軍集団の大規模攻勢の準備は着々と進められ、ソ蒙軍の総兵力は五七〇〇〇人以上となった。八月二〇日から開始された日満軍に対する包囲・殲滅作戦では、三個集団に編成された第一軍集団（北部集団、中央集団、南部集団）が三方向から攻撃を行い、ハルハ河東岸の第二三師団は壊滅的被害を受けることとなった。近年の研究成果では、全米ユーラシア・東ヨーロッパ研究評議会在外教授のスチュアート・ゴールドマンが、八月攻勢の遂行中であった八月二三日に独ソ不可侵条約が締結されたことに注目して、スターリンを頂点としたソ連共産党・軍指導部が東西国境の安全保障という観点から、九月以降の西方攻勢（ポーランド、バルト三国、フィンランド）に先んじたノモンハン事件での勝利を重要視していたことを明らかにしている。

†第二次世界大戦勃発後の日ソ国交調整

ノモンハン事件での敗戦と独ソ不可侵条約の締結という「ダブル・ショック」により日本のソ連に対する戦略的認識は大きく変化し、日本国内では陸軍省や外務省を中心にソ連を中立化する動きが促進された。一九三九年八月三〇日に成立した阿部信行内閣は「自主外交の確立」を掲げ、欧州戦争への不介入と日中戦争の解決へ邁進するため、英米仏との国交調整とともにソ連との国交調整を開始した。これに対し、独ソ不可侵条約の立役者であるドイツのヨアヒム・リッベントロップ外相は英国への対抗策として日独ソ三カ国での不侵略政策を掲げ、ドイツによる日ソ間の仲介を打診した。そして、リッベントロップ外相を中心に新秩序勢力としての日独ソ三カ国が提携することで、日中戦争の黒幕として中華民国を支援し続けた英国を打倒するという共通の目的の下、日ソ国交調整が進められた。

阿部内閣が同年一二月二八日に決定した「対外施策方針要綱」では、欧州大戦への不参加と東亜新秩序の建設が掲げられる中、対ソ政策は防共方針を堅持した上で「ソ連ニ対シテハ特ニ支那事変中、両国関係ノ平静化ヲ計リ就中国境ノ安全を保持」するとし、また「国境ニ於ケル紛争ハ武力ニ訴フルコトナク平和的折衝ニ依リ」解決することを目指すとされた。これに伴い国交の平静化のため、一般的国境問題の解決、通商協定の締結および漁業基本条約、北樺太利権等の諸懸案の解決を考慮するとされた。また日ソ不可侵条約の締結に関しては「ソ連ノ対支援助放棄及日満脅威軍備ノ解消等」を前提条件として実現可能性を模索しつつも、日本側から公式に提議することはないとした。

こうした日ソ国交調整という外交路線は、一九四〇年一月に成立した米内光政内閣にも引き継がれ、有田八郎外相による「東亜新秩序」構想が推進される中、新秩序勢力であるソ連との国交調整も進展した。特に同年六月一四日のパリ陥落に至るまでのドイツ軍の欧州戦線での快進撃は、日本に対して南方における主導権の確立を促す形となった。同年七月一二日に起案された陸海外三省事務当局協議会に提出の「日独伊提携強化案」では、日独両国はソ連との平和維持に協力することが謳われ、万が一に一方がソ連と戦争状態に入る場合には、他方はソ連を援助しないというだけでなく日独両国はソ連の脅威を受ける場合に執るべき措置を協議することとされた。

†第二次近衛内閣と幻の四国協商構想

有田外相による「東亜新秩序」構想と日ソ国交調整という外交方針は、同年七月二二日に成立した第二次近衛文麿内閣と松岡洋右外相による三国同盟外交に継承された。同内閣の組閣前に開催されたいわゆる「荻窪会談」にて、対ソ関係は有効期間を五年ないし一〇年とした「日満蒙間国境不可侵協定」を締結し、その有効期間内に「対ソ不敗ノ軍備ヲ充実」するものとされていた。この内容は同月二七日の大本営政府連絡会議で決定された「世界情勢ノ推移ニ伴フ時局処理要綱」に反映され、独伊両国との政治的結束を強化するとともに「対ソ国交ノ飛躍的調整」を図るという文言が加えられた。

一九四〇年九月二七日に締結された日独伊三国同盟の第五条でソ連に対する敵対意識が明示されなかったことを受けて（いわゆる「ソ連除外条項」）、同年一〇月三日に日本外務省により「日蘇国交調整要綱案」が作成された。これは松岡外相の掲げた日ソ独伊の四国協商構想を反映したものと考えられ、同案では日ソ両国の不侵略条約の締結を求めた上で、北樺太の石油および石炭や北洋漁業など権益問題の解消や、勢力分割圏として内蒙古、華北、東南アジアを日本の勢力範囲とし、モンゴル人民共和国、新疆、中近東方面をソ連の勢力範囲として相互承認し、独伊両国と提携して世界新秩序を推進するとされた。

近年の研究成果では、三国同盟を外交的に展開した形での四国協商構想の歴史的経緯や実現可能性について議論されている。三宅正樹は自著『スターリン、ヒトラーと日ソ独伊連合構想』（二〇〇七）にて、独ソ不可侵条約が締結された翌日の三九年八月二四日にすでに高木惣吉海軍省調査課長が作成した「対外諸政策ノ損失」という文書の中で、日本が採るべき外交政策を「孤立独往政策」や、英米両国との「聯合《れんごう》政策」と比較しながら、ドイツ、イタリア、ソ連との「聯合政策」が日本の選択すべき最も有利な策であると断定していたことを指摘している。これは日本海軍の上層部に伝統的に存在していた、ソ連との友好関係を築くこととの戦略的利害の一致を明らかにするもので、三国同盟に反対していた日本海軍の上層部が日ソ独伊の四国協商構想を支持し得た可能性を考察するのに資する。

またソ連と三国同盟との政治的・軍事的パートナーシップの可能性に関し、拓殖大学日本文化研究所教授のワシーリー・モロジャコフは、日独防共協定自体に反英的な側面が内在していたことを指摘する。

もっとも、この四国協商構想は一九四〇年一一月一二日と一三日のヒトラー・モロトフ会談の内容に対する、同月二五日のモロトフ外相の「追加条件」回答であった、①ドイツ軍のフィンランドからの撤兵要求、②ボスポラス・ダーダネルス両海峡地帯でのソ連軍事基地の創設、③バトゥミ、バクー以南からペルシア湾までの領土承認、④日本の北樺太での石油・石炭利権の放棄などにヒトラーが一切返答をせず、独ソ間の外交交渉が決裂した時点で実現可能性は潰えていた。また同年一二月一八日にヒトラーは「総統指令第二一号（バルバロッサ作戦指令）」を下しており、日独伊ソ四国協商はまさに幻の構想であったと言える。

†日ソ中立条約の締結

日ソ独伊の四国協商構想を掲げた松岡外相による訪欧に先立ち、一九四一年二月三日に大本営政府連絡会議で決定された「対独伊蘇交渉案要綱」では、ソ連にリッベントロップ外相による「四国協商」案を受諾させて（この時点で独ソ外交交渉は決裂していた）、英国打倒という目的のため、ソ連を日独伊の政策に同調させて日独ソの国交調整を期するとされた。これに伴い日ソ国交調整の諸条件に関し、①ドイツの仲介で北樺太を売却させる（仮にソ連が同意しなかった場合は北樺太利権を有償放棄する代わりに、向こう五年間の一五〇万トンの石油供給を約束させる）、②ソ連の新疆およびモンゴル人民共和国における地位を了承する代わりに日本の「北支蒙疆」における地位を了承する、③ソ連に援蔣行為を放棄させる、④満州国、ソ連、モンゴル人民共和国に速やかに国境画定および紛争処理委員会を設置する、⑤漁業交渉は妥結へと導くが、日ソ国交調整上の必要があれば放棄することも辞さない、⑥日独通商のため相当数量の貨物輸送が必要になることから配車と運賃の割引を約束させることなどが立案された。また国際秩序構想として、世界を「大東亜圏、欧洲圏（「アフリカ」ヲ含ム）、米洲圏、ソ連圏（印度、「イラン」を含む）ノ四大圏」とすることも述べられた。

一九四一年四月一三日に締結された日ソ中立条約は、第一条で日ソ両国間の平和友好と領土保全の確約（ソ連のモンゴル人民共和国の支配と、日本の満州国支配の領土保全と国境不可侵の相互尊重）、第二条で一方が第三国との軍事行動の対象となった場合には紛争期間中の中立を守ること、第三条で有効期間が一九四六年四月までとし、条約を破棄する場合には期間満了の一年前に本条約の廃棄を通告することが定められた。第三条は皮肉にも一九四五年の日本の終戦期に重要な意味合いを有することとなった。

近年の研究成果では同条約が不可侵条約（不侵略条約）とならずに中立条約となった歴史的事情について、ソ連外交史家のボリス・スラヴィンスキーがロシア外務省公文書館のモロトフ関係文書の中で、中ソ不可侵条約の全権代表間の極秘口上書にて、中華民国と日本が正常な関係を公式に回復するまでの間は、ソ連は日本といかなる不可侵条約も締結しないという声明が存在していたことを明らかにしている。

松岡外相の日ソ中立条約の基本構想にあった日ソ独伊の四国協商は一九四一年六月二二

日に勃発した独ソ戦という世界史的な出来事により水泡に帰したものの、しかし同条約は太平洋戦争期には枢軸国側と連合国側という交戦する両陣営を結ぶ唯一の公式ルートとして存在した。そして日ソ中立条約の存在は日本陸海軍に「北方静謐」をもたらし、日本が南方に軍を進める上で大きな歴史的転換点となった。

さらに詳しく知るための参考文献

田中克彦『ノモンハン戦争——モンゴルと満洲国』（岩波新書、二〇〇九）……モンゴル史及び汎モンゴル主義研究の観点から「ノモンハン戦争」を再構成し、モンゴルのハルハ族とバルガ族の部族境界がモンゴル人民共和国と満州国の出現によって「国境」に変貌したことを指摘し、部族境界が国境へと転化し、分断された民族の間に生じた衝突がノモンハン戦争であると説明する。

田中克彦ほか編『ハルハ河・ノモンハン戦争と国際関係』（三元社、二〇一三）……二〇一一年に一橋大学で、二〇一二年にモンゴル国防大学で開催された「ハルハ河・ノモンハン戦争」をテーマとした国際シンポジウムで発表された報告論文集。日本史、ソ連史、モンゴル史の様々な視点から発表された諸論文が収録されている。

寺山恭輔『一九三〇年代ソ連の対モンゴル政策——満洲事変からノモンハンへ』（東北大学東北アジア研究センター、二〇〇八）……一九三〇年代のソ蒙関係史を詳述した研究書。ソ連にとってのモンゴルの戦略的地位の重要さを明らかにしている。

戸部良一『外務省革新派』（中公新書、二〇一〇）……三国同盟を推進した白鳥敏夫を中心として「皇道外交」を唱えた外務省革新派の軌跡を追うことで、対ソ主敵論から世界新秩序のための日ソ提携論への歴史的歩みを明らかにしている。

秦郁彦『明と暗のノモンハン戦史』（PHP研究所、二〇一四）……日ソ両国の最新の研究成果を網羅した研究書。特に日ソ両国の国境線画定をめぐる地図作成のあり方に着目し、国境紛争としてのノモンハン事件の側面に新たな光を当てている。

細谷千博『両大戦間の日本外交――1914-1945』（岩波書店、一九八八）……第五章「三国同盟と第六章「日ソ中立条約」は『太平洋戦争への道』（第五巻）にも収録され、執筆当時の史料的制約を受けながらも、日ソ外交史の論述として非常に優れている。

三宅正樹『スターリン、ヒトラーと日ソ独伊連合構想』（朝日選書、二〇〇七）……独ソ両国の日独伊三国同盟にソ連を加えた四国同盟構想について、日本史とドイツ史の観点からその歴史的経緯と実現可能性を詳述している。

三宅正樹ほか編『検証　太平洋戦争とその戦略2――戦争と外交・同盟戦略』（中央公論新社、二〇一三）……平成二二年度に防衛省防衛研究所で開催された戦争史研究国際フォーラムでの報告論文集。第二次世界大戦時における枢軸国側を中心とした各国の軍事・外交戦略を理解するのに役立つ。ワシーリー・モロジャコフ「ソ連と三国軍事同盟」などを収録。

ボリス・スラヴィンスキー（高橋実・江沢和弘訳）『考証　日ソ中立条約――公開されたロシア外務省機密文書』（岩波書店、一九九六）……ソ連崩壊後にいち早くロシア外務省公文書館の一次史料を駆使して執筆されたソ連外交史家による研究書。ソ連側から見た日ソ中立条約に関する歴史的事情を明らかにしている。

スチュアート・ゴールドマン（山岡由美訳、麻田雅文解説）『ノモンハン一九三九――第二次世界大戦の知られざる始点』（みすず書房、二〇一三）……ノモンハン事件を第二次世界大戦勃発前のヨーロッパ国際政治と関連させて分析し、この戦いを欧州戦線と太平洋戦争の密接な連動の結節点として位置づけている。

第11講　日独伊三国同盟への道

武田知己

†第一次交渉──防共協定から防共協定強化交渉へ

一九三六（昭和一一）年一一月、日独防共協定が結ばれた。一九三四年に陸軍駐在武官として着任した大島浩と、ドイツ国防省内部で独自の外交政策方針を追求していた防諜部長ヴィルヘルム・カナーリス、「ヒトラーの外交官」ヨアヒム・フォン・リッベントロップ、そして東京在住のヘルベルト・フォン・ディルクセン大使が、この防共協定締結の中心であった。国際共産主義の活動に対抗すると同時に、ソ連への軍事的牽制を狙う本協定には、特にカナーリスの政治的意図が色濃かったが、そこに日本を引きずっていったのは、ほかならぬ大島であった（田嶋信雄『ナチズム極東戦略──日独防共協定を巡る諜報戦』講談社選書メチエ、一九九七）。

三七年一一月にイタリアが加入したこの協定を基に三国の提携を強化するための交渉、

1939年、ベルリンの日本大使館で執務中の大島大使（カール・ボイド『盗まれた情報』原書房、1999）

すなわち、「防共協定強化交渉」が、日独伊三国同盟（以下「三国同盟」）締結のいわば第一次交渉といえるものだった。そのための日独間のやりとりは、一九三八年初頭に始まり、七月頃に本格化し、三九年八月頃まで続いている。

この第一次交渉の開始にはヒトラーの意図が重要であった。ヒトラーは、東方への生存圏の拡大を見据え、そのためには極東でイギリスの影響力を弱め、かつソ連を牽制する助力を得たいとして日本との連携強化に着目した。それを受け、三七年末から駐英大使・リッベントロップが日独接近を企図する「総統のための覚書」を執筆し、翌三八年の年初に大島浩に示した。三八年二月にはリッベントロップが外相となることで、同盟交渉が本格的に始動する条件が整ったのである。

そして、この背後でも、日本の大島が活躍した。明治以来、日本はドイツから多くを学んでいたが、特に陸軍関係者には親独派が多かった。昭和期最大の親独派の一人というべき大島も、明治から大正にかけての最大の親独派といわれる父・健一の影響を受けて、ドイツに憧れと敬意を持つようになっていた。大島の行動は、イギリス打倒と生存圏の拡大を模索するドイツの意図に忠実であった。(鈴木健二『駐独大使・大島浩』芙蓉書房、一九七九)。

しかし、大島の交渉開始のイニシアティブに対し、政府は全幅の同意を示さなかった。

大島浩とヒトラーの握手。中央がリッベントロップ(カール・ボイド『盗まれた情報』原書房、1999)

特に問題となったのは、新しい条約がソ連以外の国を対象とするか否かであった。すなわち新しい条約が、ドイツが第三国(英米)と開戦した際に日本がそれに巻き込まれるか否かをめぐって、国内の議論は紛糾したのである。大島に対する疑念から、三八年八月に笠原幸雄陸軍少将がドイツに派遣され、リッペントロップ私案を携行して帰国したのち、日本案がようやくできあがったのが、同月二六日のことであった。

一〇月には大島が大使に昇格して出先の統括責任者となった。しかし、出先と本国とのコミュニケーションギャップは解消しなかった。大島は英仏を対象としたいドイツの意向に応えようとしない本国に激しく抗議するが、新外相の有田八郎はそれに応じず、事態はむしろ紛糾の度を増した。特に有田や海相の米内《よない》光政らは、兵力援助義務について慎重であり、自動参戦義務を避けようと努力した。他方で一一月には同盟推進派の外交官・白鳥敏夫がイタリア大使に就任し、大島に加担するに至る。三九年一月に近衛内閣は総辞職するが、新たに組閣した平沼騏一郎は、外相の有田、海相の米内を留任させつつ、独伊両大使の更迭をも視野にこの問題を協議するが、紛糾は収まらなかった。

ドイツからは、三九年五月、公表される条約本文と非公表でもかまわない交換公文（行政協定）の二本立てで交渉をまとめようというガウス案が出されたりしたが、ここでの応酬も、のちのちまで語り継がれるほど激しいものであった（『昭和史の天皇』二一巻、読売新聞社、一九七四、高田万亀子『日本の曲り角——三国同盟問題と米内光政』勁草書房、一九八四、加藤陽子『模索する一九三〇年代——日米関係と陸軍中堅層』山川出版社、一九九三）。

†防共外交と外務省

こうした日本外交の紛糾は、陸軍を悪玉、外務省を善玉とする図式でよく語られる。こうした図式で忘れられがちなのは、三国同盟の先駆けとなった「防共」外交を、大島や陸軍同様、あるいはそれ以上に、三〇年代半ばの外務省の主流に位置した有田や重光葵《まもる》らが率先して主張したことである。ドイツやイタリアでも同時代的に共産主義に対する防衛外交が叫ばれたが、それは反国際連盟や膨張主義是認の論理、いわゆる第一次大戦後のヴェルサイユ＝ワシントン体制否認の論理に幅広く応用されており、両国では外務省がそうした論理の旗振り役の一人となった。同じことが日本でも起きた。三国の外務省は、「防共」というイデオロギーを媒介して、三〇年代初頭からの日独伊の接触に少なからぬ役割を果たしたのである。

もっとも、第一次交渉で外務省主流派は、英仏を条約の対象から除外することや武力発動の回避をめざして抵抗した。特にこの点での有田外相の粘りは特筆に値する。

しかし、外務省の中堅層には革新派と呼ばれる勢力があった。有田は、一九三八年五月には外務・陸軍そしておそらくは海軍の事務局クラスが集まって日独伊の提携強化を本格的に研究しはじめたと回想しているが、七月三〇日には白鳥につらなる革新派の外交官が、

「徹底排英、対ソ解決は結局は戦争」といった強硬論を宇垣一成外相に訴えている。また外務省内の強硬派は欧亜局にも存在していたようで、海軍の高木惣吉は、一九三八年八月の段階で「尚吾人の最も遺憾とするは外務欧亜局が腰抜揃の癖に強硬論にかぶれ、『ソは決して起たざるが故に此の際一撃を加ふる事は外交上も必要なり』と主張して積極的外交工作に渋り勝ちなる点に候」(原田熊雄『西園寺公と政局』〔以下『原田日記』〕七巻、一九五二)と述べている。三九年一月一九日に平沼新内閣が対独交渉の基本方針をまとめた際、有田が、ソヴィエトを主要国とするが英仏を意味する第三国をも対象とする、第三国を対象とする武力援助を与えるかどうかは状況によるといった妥協案を提示したのは、こうした省内部の勢力からの突き上げの結果でもあった。

さらに三〇年代の外務省は、パックス・ブリタニカの衰退をも強く意識していた。それは「自由主義」「資本主義」の終焉という議論とも関わっている。日英米開戦前の最後の駐英大使だった重光は三八年末、「〔これからは〕英国を中心に廻はつて居た世界の状況は大なる変化を受け、将来の文明は恐らく大に異つたものであろう。仏蘭西革命に依つて生れた個人自由の主義に立つ資本制度時代は、之に依つて覆へされた封建時代の文化の様に、前回世界大戦を経今後過去のものとなるのではなかろうか」(『重光葵手記』中央公論社、一九八六)と語っている。実は、この感覚は、一二〇年代のヴェルサイユ＝ワシントン体制を否定する当時の革新派外交官にも見られる時代感覚だった。

こうした情勢認識の中で、ドイツは無視できない存在であった。重光は、三五年の演説で、ドイツが醸成しているヨーロッパにおける動揺を上手に利用し、アジアにおける覇権確立を説いた。また、ドイツとの防共協定は、共産主義への警戒心という意味で日独が「共通の利害」を感じた産物だと述べている（重光葵『昭和の動乱』上、中央公論社、一九五二）。

また、重光より遥かに親英米派的な感覚を有していた「ナチス嫌い」の東郷茂徳ですら、三〇年代前半、ドイツにおける「極右党」すなわちナチスの「政権掌握ヲ利用」して、「独逸ヲ我方ニ引付置ク」べきだと考えていた（東郷茂徳『時代の一面』中公文庫、一九八九）。彼らはドイツとの軍事同盟には反対であった。しかし、外交的にドイツ利用を試みる心理状態にはあったのである。

†日独の利害と戦略の対立

ただし、ドイツが対中関係にも重きを置いた対アジア外交を展開していたことは、三〇年代の国際情勢の複雑さを知る上で注目すべきである。特に、中国にもドイツとの積極的な関係を結ぼうという発想が孫文の時代から存在しており、国民党による北伐完成前後から、マックス・バウアー大佐の活躍で中独接近が本格化していた。その後、ゲオルグ・ヴエッツェル、ハンス・フォン・ゼークトと続くドイツからの軍事顧問は、共産党掃討作戦などに直接間接に関わった。当初は民間の軍事顧問団という形であったが、ヒトラーが政権を執ると半公式的な軍事顧問団に格上げとなっている。しかし、中国を第三帝国の最も重要なアジアのパートナーとみなす措置は、ドイツの伝統的なエリート層の考えであって、結束が堅く軍国主義的な三〇年代の日本を重視するヒトラー及びナチスドイツの考えとは対立していた（ベルント・マーチン「日中戦争期の中国におけるドイツ軍事顧問」『戦史研究年報』四、Bernd Martin, "The Emergence of the 'Fascist' Alliance", *Japan and Germany in the Modern World*, Berghahn Books, 1995）。

そして、日中戦争が開始されると、その後の数カ月間、ゼークトの後任として第五代軍事顧問に就任したアレクサンダー・フォン・ファルケンハウゼンに率いられたドイツ顧問団は、防共協定の締結国であった日本と中国の戦闘に中国側で参加した。ファルケンハウゼンは、戦闘開始から中国側の戦略決定に参画した。奇妙なことに、日本は、日中戦争において、実質的な同盟国人というべきドイツ人に鍛えられ、指揮された中国兵と戦った場面もあったのである。日本も、さすがにこうした状況に苦情を呈しているほどだった（William C. Kirby, *Germany and Republican China*, Stanford University Press, 1984）。

こうして、ドイツは三七年末までは日本と中国の二者択一を回避して対アジア外交を行っていたといえた。結果的に、ドイツの多元的な対アジア政策は、日中が対立を深める中でバランスをとる上で、思わぬ効果を発揮したのである。しかし、三八年二月のリッベントロップ外相就任後、ドイツ外交の多元性は収束する。ドイツのアジア政策は日本寄りに急速に傾斜した。リッベントロップが満州国を承認し同年夏にトラウトマン駐華大使を引き揚げたのはその象徴であった（John P. Fox, *Germany and the Far Eastern Crisis, 1931-1938*, Clarendon Press, 1982）。

だが、リッベントロップ外相が期待したのは、日中戦争での日本の勝利ではなく、日本が極東でイギリスへの牽制勢力となってくれることであった。第一次交渉をめぐって、大島・白鳥は訓令無視と言うべき行動をとりつづけ、執拗にナチスドイツの意図に従う決定をするよう本国に進言する。天皇は、両大使が訓令に従わなければ召還するという五相会議の決定を念書として提出させていた。それを断行しない政府に苛立ちを隠さなかったが、政府は容易にドイツと戦略を共有しようともしなかったのである。

日本に業を煮やした独伊は、三九年五月、鋼鉄同盟を締結する。親独派は焦りを見せるが、その三カ月後の八月二三日、ドイツはソ連と不可侵条約を結んだ。ドイツは、「反ソ」から「親ソ」に政策を転換させたのである。それは、ドイツのイギリスへの態度をも疑わせるに十分だった。独ソ不可侵条約締結とともに「複雑怪奇」声明を出して平沼内閣が総辞職し、それこそ「複雑怪奇」な過程を辿った第一次交渉を清算し、一九三九年九月ついに英独間での戦闘が勃発した。日独接近の合意が得られる素地も同時に失われ、こうして、三国同盟の道は、一旦断ち切られるのである。

†ヨーロッパ大戦と第二次交渉

しかし、第二次交渉が一九四〇年七月に再開されると、日独で十分な調整がなされぬまま、急ピッチで交渉が進められてゆくこととなる。それは、新外相となった松岡洋右《ようすけ》のリーダーシップの賜物であった。

この第二次交渉の特徴は、日本政府からの積極的な働きかけに対する、ドイツ側の冷淡さであった。日本では、四〇年春からのドイツの電撃戦の勝利に魅せられ、ドイツが早晩イギリスを打倒するとの観測が大勢を占めた。しかしイギリスがドイツとの戦闘で疲弊し、崩壊寸前であれば、ドイツにとっての日本との同盟の必要性が低下するのは当然であった。

にもかかわらず、第二次近衛内閣の組閣の条件でもあった独伊との政治的結束などの陸軍の要求が「情勢ノ推移ニ伴フ帝国国策要綱」で了承された後、松岡はそれに飽き足らず、独自に対英軍事同盟を独伊と結ぶ案を外務省に作成させた。それをもとに八月から改めてドイツの企図を探り始め、九月にはドイツからのハインリヒ・スターマー特使との交渉に入る。白島も大島もその頃には帰国していたが、白島は松岡との意見の相違があり、大島も交渉には関わらなかった。こうして第二次交渉は、それまでの経緯を知らない松岡が主導したのである。

その焦点は、すでに述べた自動参戦義務の有無に加え、アメリカとの開戦回避の可能性の二点となった。しかし、実際に妥結された三国同盟の内容を見ると、これら二点についての解釈の幅は大きかったといわざるを得ない。

まず、第一点の自動参戦義務についてであるが、それはまさに玉虫色の解決というほかない。というのは、条約本文では自動参戦義務が存在する一方、議定書と交換公文においては自主的参戦を可能と解釈する余地が示されていたからである。しかも調印直前にベルリンからの訓令で、条約本文中に三国の軍事的結束を示す一文の挿入と、交換公文などの削除が求められた。交渉は完全に暗礁に乗り上げたかに見えたが、二四日の夜に急転直下、ドイツが日本に完全に譲歩した形で調印が行われたのである。

しかも、この最後の譲歩をベルリン政府は長く知らなかったといわれる。交渉をまとめるため、スターマー特使およびオイゲン・オット日本大使によるある種の詐術が介在したのであろう。オットは、スターマーから「その問題〔交換公文のこと〕を〔リッベントロップに〕話す時間がなかった」という証言を得ている。また、九月一九日の御前会議で交換公文が決定された既成事実を盾に交渉する松岡も強引であった。オットはそれで自分とスターマーが「譲歩を余儀なくされた」と語っている。日独間のコミュニケーションはいかにも不十分であった（『太平洋戦争への道5』）。

第二の点の解釈も分かれるだろう。ただし、八月以降に松岡の残した記録、スターマーとの会談記録、九月一九日の御前会議の記録などからは、松岡が英米関係の緊密化と、それゆえドイツのイギリス打倒は容易でないことをよく認識していたことが分かる。また松岡は、ソ連と英米との接近も認識しており、それゆえヨーロッパでの戦争の長期化も予測していた。従来、言われてきたような甘い見通しを松岡が持っていたとは思えない。

他方で、松岡はこの機会に南進政策を進めることにも積極的であった。服部聡の研究によれば、松岡は日本が南進政策を不用意に進めれば、対米開戦を惹起する可能性が高いことを自覚していた。それゆえ、三国同盟が少なくともイギリスを牽制する可能性を持ち、それによりアメリカの関与も抑制できると考え、ソ連を交えた四国同盟があればさらに英米に対する牽制力を大きくできるという戦略を追求していたという。ソ連の加盟よりも、三国同盟こそが松岡外交の核心だったというのである。

もし、そうであれば、ドイツに接近しつつも参戦は回避するという有田の考えとの連続性も見えてくるし、松岡が親独感情とは全く無関係であったことも明らかとなろう。しかし、それは松岡が判断を誤らなかったことを意味しないのはもちろんである(服部二〇一二)。

†岐路としての三国同盟

一九四〇(昭和一五)年九月二七日、ついに日独伊三国同盟はベルリンで調印された。

1941年3月、ヒトラー(左)とともにベルリンで観衆にこたえる松岡洋右(中央)

この日は、時の駐独大使来栖三郎、近衛文麿首相、松岡洋右外相の名とともに、日本外交史に記憶されることになる。須磨弥吉郎外務省情報部長は当時、この日を日本のみならず世界の史的転換の日であるとラジオで演説したが、三国同盟が日本外交の岐路であったことには、今日でも異論は少ないと思われる。

しかし、それはいかなる意味で岐路であったのだろうか。

外交史的に最も重要なのは、三国同盟は日米開戦の文脈における岐路であったとする見方であろう。三国同盟は、すでに見てきたように、ドイツが第三国と開戦した際に日本の自動参戦義務を規定しているかどうかが判然としなかった上、対英米開戦のためなのか、むしろ回避するためのものなのかをめぐっても、当時から見方が大きく分かれていた。

第一次交渉時の有田外相と同様、第二次交渉時の責任者であった松岡外相も、同盟締結で日本に自動参戦義務は生じないとする点にこだわり、また、同盟がアメリカとの戦争を惹起することも回避しようとしていた。しかし、松岡外交をめぐっては議論が絶えない。その論点は、たとえば、松岡は具体的にいかなる論理で開戦を回避しようとしていたのか、その論理がどの程度の効力をもっていたか、さらには第10講で述べられているソ連を巻き込んだ四国同盟論を考えていたのかどうか、などである。

ただ、三国同盟を単なる松岡のスタンドプレーの結果として捉えるだけでは不十分だろう。すでに見てきたように、三国同盟は、変転きわまりない一九三〇年代のヨーロッパ政治の産物だったのであるし、また国内的には、防共外交の系譜の産物だったとも言えるからである。

しかも、最後の段階では、近代日本における親独感情もまた大きく作用したように思われる。日独防共協定締結直後、最後の元老・西園寺公望は「どうも日独条約［防共協定のこと］はほとんど十が十までドイツに利用されて、日本は寧ろ非常な損をしたやうに思はれる。で、一体親独といふことは従来藩閥中にあるのであつて、全体の日本人の気持といふものがやっぱり英米と親しまうとする気持の方が強いやうに思はれる」と親独の系譜への嫌悪を表現していたが（『原田日記』五巻）、英米派の牙城とも見なされている海軍にも、その影響が見られた。

海軍でも実は明治の段階からドイツの影響が見られる。第一次大戦後も日独海軍の交流が行われていたし、ワシントン会議後には、ドイツから積極的に潜水艦用法を学んでいる。ドイツも技術移転に積極的であったが、日本でそれを先導したのはワシントン軍縮に反感を抱く艦隊派であった。第一次大戦で敗北し、戦後は屈辱的な地位に甘んじていたドイツとの間には、ヴェルサイユ＝ワシントン体制への対抗というメンタリティーが共鳴していたのである。

さらに、野村直邦と小島秀雄を筆頭に、遠藤喜一、横井忠雄、神重徳、柴勝男らのドイツ駐在武官経験者は、三〇年代後半から、軍令部第一課を中心とした国策・外交などの政策立案の担当部局にいた。一九三七年から三九年まで軍務局長だった井上成美は「三国同盟問題における課長以下の態度が皆ドイツ寄り」（工藤美知尋『日本海軍と太平洋戦争』下）だったと回想しているほどだった。

†三国同盟の皮肉な結果

三国同盟のような大きな決定が、単純明快な筋書きを辿るはずはない。それは後の歴史家にも様々な解釈の余地を残している。決定版はなかなか提示しがたい。

しかも、そうして結ばれた三国同盟は強固な軍事同盟ですらなかった。イタリアは、この間、日本の意図を知るためにベルリンに赴かねばならなかった。日伊間のコミュニケーションは無きに等しかったのであるが、日独関係の研究者もこの同盟を「空洞同盟」(J.M.Meskill, *Hitler and Japan: The Hollow Alliance*, Atherton Press, 1966)、あるいは「絶えざる摩擦、嫉妬、互いの不信感、明白な裏切り行為によるおらが国本位」の政策(テオ・ゾンマー『ナチスドイツと軍国日本——防共協定から三国同盟まで』時事通信社、一九六四)などと呼んではばからない。三国は、同盟国であるにもかかわらず、結局、第二次世界大戦を個別に遂行したのである。同盟の実質の欠如と激しい相互不信については、近年の研究も改めて確認していることにほかならない(Christian W. Spang / Rolf-Harald Wippich, eds., *Japanese-German Relations: 1895–1945*, Routledge, 2006)。

そうであれば、三国同盟締結の衝撃は、それが英米との戦争への道の決定的な転機であったこと以上に、ほとんど全く機能しなかった同盟が実際に結ばれた事実そのものにあったのではないか。さらに、翌一九四一年一二月、日本は結局、英米との戦争の火蓋を自ら切って落としたのである。あれだけこだわった自動参戦義務や第三国問題、あるいは対米戦回避をめぐる紛糾とは、いったい何だったのだろうか。三国同盟への道は、こうしたその後の皮肉な結果をも念頭に、近衛首相・松岡外相の時代になされた最終決断、そして、その背景となった複雑な国際関係と日本の複数のアクターが有する対外認識と戦略が織りなす歴史として検討されることが必要であるといえよう。

さらに詳しく知るための参考文献

＊古典の位置を占める研究として、下記の三点がある。

日本国際政治学会太平洋戦争原因研究部編『太平洋戦争への道5　三国同盟・日ソ中立条約』（朝日新聞社、一九六三。新装版、一九八七）……大畑篤四郎「日独防共協定・同強化問題（一九三五―一九三九年）」、細谷千博「三国同盟と日ソ中立条約（一九三九―一九四一年）」が掲載されている。三国同盟締結の土壇場での詐術については、「新装版への追記」に細谷氏による言及がある。

三宅正樹『日独伊三国同盟の研究』（南窓社、一九七五）

義井博『増補　日独伊三国同盟と日米関係』（南窓社、一九八七）

＊一九四〇年から四一年の松岡外交に関する研究として、下記の二者のものがある。

森茂樹「松岡外交における対米及び対英策」（『日本史研究』四二一、一九九七）、同「枢軸外交および南進政策と海軍」（『歴史学研究』七二七、一九九九）、「松岡外交と日ソ国交調整」（『歴史学研究』八〇一、二〇〇五）……精緻な個別の事例研究。

服部聡『松岡外交』（千倉書房、二〇一二）……三国同盟・日ソ・対米開戦回避論の連関に関する新説を試みる。
＊海軍に関して下記の一冊。
相澤淳『海軍の選択――再考　真珠湾への道』（中公叢書、二〇〇二）……海軍とドイツとの関係を掘り下げた論争的な本。
＊外務省研究として下記の二冊。
石田憲『日独伊三国同盟の起源――イタリア・日本から見た枢軸外交』（講談社選書メチエ、二〇一三）……イタリアの視点、外交政策決定過程の視点からの希少な三国同盟論。特に第二、第三章。

戸部良一『外務省革新派』（中公新書、二〇一〇）……革新派外交官に関する塩崎弘明氏、高橋勝浩氏らの研究成果も踏まえた著者の長年の革新派外交官研究の集大成。三〇年代の外務省についても示唆に富む。
＊三国同盟・日独関係の最新の研究として、下記のようなものがある。新説や新発見にあふれているわけではないが、国際関係の面等から日本の外交史研究の地平を拡大してくれる力作である。
三宅正樹他『検証　太平洋戦争とその戦略2――戦争と外交・同盟戦略』（中央公論新社、二〇一三）
工藤章・田嶋信雄編『日独関係史　一八九〇―一九四五』全三巻（東京大学出版会、二〇〇八）
＊このほか、『国際検察局（IPS）尋問調書』、『日本外交文書』、『昭和社会経済資料集成』、『昭和史の天皇』、『現代史資料』に多くの関連史料があることを付記する。

第12講 近衛新体制と革新官僚

牧野邦昭

†「近衛新体制」とは

本講で扱う「近衛新体制」とは、狭義には一九四〇（昭和一五）年七月に第二次内閣を組織した近衛文麿を首班として日本の様々な分野において四〇年後半に目指され、ある程度実現した体制、あるいはそれを実現しようとした運動（新体制運動）のことを指す。

国民の人気の高かった近衛は、三七年六月に第一次内閣を組織していたが、組閣直後に日中戦争が勃発する。三八年夏には社会大衆党、陸軍中堅層、いわゆる「革新官僚」（後述）により、ナチスのような（あるいは公言されないがソ連共産党のような）一国一党の全体主義的「近衛新党」の結成が目指されるがこれは内務省や既成政党の反対により失敗し、三九年一月近衛は退陣する。しかし三九年九月に第二次世界大戦が勃発し、四〇年四月以降ドイツは電撃戦により西ヨーロッパの大半を占領する。このように急激に変化する国際情勢に対応するためには日本国内の体制変革が必要であるという動きが強まり、四〇年六月に近衛は枢密院議長を辞任して新体制運動の先頭に立つことを声明した。

当時あらゆる方面で「新体制」という言葉が使われたが、特に重視されたのが政治新体制と経済新体制である。当初の政治新体制の目標は一国一党式の政党を作り強い政治指導力を発揮することであり、また当初の経済新体制の目標は公益優先の原則の下で「資本と経営の分離」を実行し、私益を追求する資本家から企業の経営を切り離して国家の方針に従って経営することであった。

ではなぜ四〇年に新体制運動が盛り上がり、政治新体制や経済新体制が目指されたのだろうか。

†新体制の時代背景

新体制運動の背景としてよく挙げられるのは、日中戦争の泥沼化、満州国の体験やナチス・ドイツの影響、陸軍や官僚・知識人の社会主義へのシンパシーなどであるが、ここでは山崎志郎の研究に従い、少し違った観点から新体制、特に経済新体制が求められるようになった背景を考えたい。

日本は金輸出再禁止後に昭和恐慌から急速に景気回復したものの、その大きな要因は赤

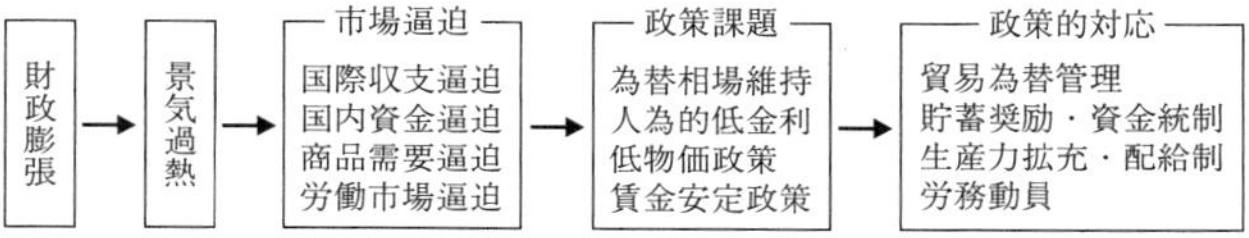

二・二六事件後の展開（山崎志郎『新訂日本経済史』放送大学教育振興会、2003）

字国債の日銀引き受け発行による財政膨張であり、さらにその中心となったのは一九三一年の満州事変と満州国建国以降の軍事費の増大であった。こうした財政膨張は企業稼働率が低く失業率の高い状況下では景気回復に有効であったが、好景気になると悪性インフレーションが発生する恐れがあった。岡田啓介内閣の高橋是清蔵相は三六年度予算において財政膨張を抑え健全財政に回帰するため軍事費の引き締めを強く主張したが、これに陸軍は強く反発し、さらに陸軍と同調する高橋亀吉や山崎靖純ら経済評論家も生産力拡充を優先する立場から高橋是清を攻撃した。

　結局、三六年の二・二六事件で高橋是清蔵相は暗殺され、岡田内閣の後を継いだ広田弘毅内閣は軍事費予算の大幅な増額を受け入れ、一層の財政膨張が進むことになった。景気回復後も軍事費を中心に財政膨張が一層進んだことにより景気は過熱気味となり、それに伴い市場が逼迫したことにより多くの課題が生じ、それへの政策的対応として各種の統制が必要となった（図参照）。

　すでに三七年の日中戦争勃発前には経済統制の実施は不可避となっており、内閣の総合的政策立案能力を高めるために三五年に設置された内閣調査局は三七年四月に企画庁に改組され、日中戦争勃発後の同年一〇月には内閣資源局と統合され企画院が発足した。多くの資源を輸入に頼る「持たざる国」日本が経済力を超えた軍事費支出を行うことで経済統制が必要となり、それが日中戦争により一層深刻になることで資本主義原理そのものを変革する経済新体制が求められるようになったといえる。

なお、軍事費を中心とする財政膨張は一種のバブル景気を生み、それに伴い人々の消費意欲が高まり、観光や出版物、音楽、さらに百貨店での買い物を楽しむ消費文化がこの時期に広まった。そうした消費文化の広まりが観光の一環としての神宮や天皇陵への参拝、膨大な戦争報道の消費、軍歌の流行、慰問袋の購入などを通じて総動員体制の一翼を担うことになった。四〇年の新体制運動とほぼ同時に繰り広げられた各種の紀元二千六百年記念行事はこうした消費文化による国民動員の象徴であった。

†革新官僚の登場

近衛新体制期に活躍した官僚群を「革新官僚」と呼ぶことが多いが、その定義は様々である。本講では特に経済統制に関わった狭義の革新官僚として、古川隆久および島本実に従い「商工省の官僚グループ＋一九四〇年に企画院におり、経済新体制案に関わったグループ」である岸信介、椎名悦三郎、美濃部洋次、柏原兵太郎、奥村喜和男、毛里《もうり》英於菟《ひでおと》、迫水久常《さこみずひさつね》らに注目する。

近衛新体制期に革新官僚が登場してきた理由については「軍部の支援」「軍部と政党の対立構造、内閣ブレーン機関の発足」「革新官僚のイデオロギー特異性、マルクス主義、国家社会主義の影響」などがよく挙げられるが、ここではこれらの要因に加えて島本実による「構想の合流による相互補完集団形成仮説」を紹介する。

狭義の革新官僚といってもそれぞれの経歴や志向は異なり、例えば年長の岸信介は商工省官僚および満州国産業部次長兼総務庁次長として三〇年代を通じて国内の産業合理化の推進や事業法による国産化政策、また満州国の産業開発を進めていた。逓信省の奥村喜和男は三六年の電力国家管理案をめぐり自由主義から統制主義への移行を強く主張し、大蔵省の毛里英於菟は満州国での体験から日本国内での計画経済の遂行と国民組織の構築による東亜共同体の結成を主張していた。一方で商工省の美濃部洋次や大蔵省の迫水久常は奥村や毛里のようなイデオロギー色は薄い実務派の官僚であり、前述のような財政膨張によって必要となった統制を実施するため輸出入品等臨時措置法（美濃部）、臨時資金調整法（美濃部、迫水）などの統制実務に関わった。

こうした異なる経歴や志向の官僚と軍人とを結びつけたのが三九年一〇月から始まった月曜会と呼ばれる集まりであり、岸、奥村、毛里、美濃部、迫水のほか椎名悦三郎、さらに武藤章、岩畔豪雄《いわくろひでお》、秋永月三《あきながつきぞう》（企画院調査官）といった陸軍軍人が参加していた。美濃部や迫水らテクノクラートにとっては奥村や毛里らの思想は自分たちの統制実務を正当化するものであり、一方で奥村や毛里らイデオローグは美濃部や迫水の実務能力を必要としていた。さらにこれらのイデオローグとテクノクラートとの人的ネットワークは岸や椎名ら商工省幹部、さらに武藤ら陸軍幹部が後援する強力なものであった。こうしたネットワークの形成により「革新官僚」が一つの集団として現れてくる。

†権力の空白とその克服の試み

とはいえ、いくら強力なネットワークができても内閣や議会、財界が強力であり革新官僚とは異なった意見を持っていれば彼らの主張は実行されない。しかし実際には政党、軍部、財界との対立が生じており、その対立を克服するために「政治新体制」が主張される中、そこでの権力の空白の中でイデオロギーと実務能力を備え、陸軍の後援も受ける革新官僚が急速に台頭することになった。

大日本帝国憲法下では特定の組織や人物に権力が集中しないような権力分立体制が採られており、例えば内閣総理大臣も国務大臣の首班ではあるものの他の大臣と対等な地位とされていた。こうした権力分立体制を補い政治に安定を与えていたのが元老制度であったが、元老が死去していき、既存政党は相次ぐ汚職や内紛によって国民の信頼を失い、他方で「高度国防国家」建設のためにより一層の統制を求める軍と政党・財界とが対立する中、権力の空白が生じ内閣は次々に代わった。こうした権力の空白状態が続いたことも一因となり日中戦争は泥沼化し、それは英米との関係悪化により日本を国際的孤立に追い込むこととなった。

このため、一国一党体制を作り上げ、強力な指導力を発揮して事態を打開するために政治新体制が叫ばれるようになる。新体制運動の開始とともに社会大衆党が真っ先に解散し、既存政党も新体制運動の内部で主導権を握るために敢えて解散し、ほぼ全政党が解散して新体制運動に参加した。こうして形式的には一国一党体制を作り上げる条件が整った。四〇年八月、近衛文麿は木戸幸一を通じて昭和天皇に意見書を提出したが、そこでは自由放任の経済に「全体的公益の立場」から統制を行うために執行権を強化することが強調され、そのため憲法改正、少なくとも憲法の運用の変更が必要であると述べられており、政治新体制は究極的には大日本帝国憲法の改正を目指すものであった。

近衛が新体制運動開始を声明すると同時に企画院はその基本原則を定める各種要綱の作成を開始し、企画院の秋永月三は「経済新体制確立要綱」の立案に美濃部、迫水、奥村、毛里らを呼び寄せた。これにより革新官僚が脚光を浴びることになり、毛里、美濃部、迫水、奥村が企画院総裁の鈴木貞一門下の「四天王」、あるいは毛里、美濃部、迫水が企画院の「三羽烏」と呼ばれるようになった。毛里は「三羽烏」に鉄道省の柏原兵太郎が加わった座談会で、「国が計画的に物事をやって行く」ことは国が「相当の経営的な職能」をもつことであり、それを担う官僚は「クリエイティヴ、エンジニヤ」にならなければならないと述べている。毛里はこうした官僚を当時のナチスの用語を使って「ヒューラー」と呼んでおり、権力分立を克服するためにはナチス的な指導者原理が必要であるというのが当時の新体制推進者の共通した認識であった。

しかし、政党がほぼ全て解散して新体制運動に参加したことは逆に既存の秩序を取り込むことになり、当初の一国一党的な政治新体制を作り上げることを困難にした。さらに国体論に基づく観念右翼からは一国一党は天皇から権力を奪うものであるという攻撃が行われ、「党」ではなく全国民的な組織として大政翼賛会が四〇年一〇月に発足するが、総裁となった近衛は綱領や宣言を発表せず「臣道実践」というあいまいな方針を示しただけであった。

†理念と実務的要請の交錯

一方、企画院で立案が進められた経済新体制確立要綱をめぐり「資本と経営の分離」

「産業団体再編成」「中小企業の再編成」が激しい争点になった。特に「資本と経営の分離」はこれまでの資本主義経済に大きく変更を加えるものであった。配当を受ける企業の資本所有者の私利の追求により企業経営が行われることを批判し、いわば「民有国営」方式で国家の必要とする生産を行おうとするのが「資本と経営の分離」論であった。近衛のブレーン組織として設立された昭和研究会で活躍した朝日新聞論説委員の笠信太郎《りゆうしんたろう》の『日本経済の再編成』（中央公論社、三九年一二月刊）はこうした「資本と経営の分離」論を「利潤本位から生産本位へ」と表現し、経済新体制の理念の概説書としてベストセラーとなった。

大政翼賛会発会式での近衛文麿の挨拶（『写真週報』第138号、1940年10月23日）

経済新体制をめぐる議論が激しさを増す中、迫水を中心として四〇年一〇月に会社経理統制令が立案・公布された。同令では会社を「国家目的達成ノ為国民経済ニ課セラレタル責任ヲ分担スルコトヲ以テ経営ノ本義」とするものと定義し、私益よりも公益を優先することが義務付けられた。こうした公益優先主義により、同令では利益配当や給与を適正に保つことが規定され、配当金総額が自己資本の八パーセントを超える場合あるいは前年度の配当率を超える場合には主務大臣の許可が必要であるとした。

同令は抜け道の無い完璧な法令であったと言われ、新体制をめぐる論争が活発に行われる中で財界の新体制への警戒心をさらに強めることになるが、これを迫水の下で実質的に作成したのは、当時大蔵省理財局事務官で戦後は池田勇人《はやと》のブレーンとして所得倍増計画で大きな役割を果たす下村治であった。下村によれば同令は「資本と経営の分離」といった理念を実現するためのものというよりも物価統制を行うためのものであり、配当、利潤、給与といった物価に影響を与える要素を統制していくうちに抜け道を防ぐために最終的に会社の経理全体を統制するという形で作られたものであった。結局のところ、前述のように財政膨張の問題点に対応するため経済統制が始められたものの、根本的な原因である戦争と軍事費支出増加を抑えられないためますます物価抑制のための統制が進められ、理念とは無関係に「統制が統制を呼ぶ」結果となっていった。

†護憲論としての新体制反対論

新体制運動に対しては大政翼賛会を天皇親政の否定とみなす観念右翼、議会の役割を否定することに反発する政党政治家、そして「資本と経営の分離」論などを「赤」（社会主義）とみなす財界からの強い批判が行われた。

特に経済新体制への反対論者として当時活躍したのが文部省国民精神文化研究所所員として「思想善導」にあたっていた山本勝市《かついち》であった。山本は京都帝国大学経済学部で河上肇に学び、もともとは社会主義に近い立場であったが、フランスに留学して市場による自生的秩序を重視する重農学派の経済思想に触れ、さらに当時の欧米の経済学界における社会主義経済計算論争（社会主義経済の運営可能性をめぐる論争）を学び、価格の変動を通じた市場メカニズムを重視するようになった。

奥村喜和男による電力国家管理案に対する批判で知られるようになった山本は、笠信太郎の『日本経済の再編成』に対して、利潤は経営合理性の指標でありそれを抑制することはむしろ非効率な経済になるとする批判を四〇年五月から七月にかけて発表し、経済新体制への理論的批判として大きな反響を呼んだ。阪急電鉄創業者で当時第二次近衛内閣商工大臣だった小林一三《いちぞう》は経済新体制に強く反対し次官の岸信介と対立していたが、山本の主張は小林ら財界人のほか蓑田胸喜《みのだむねき》や三井甲之《こうし》ら観念右翼、さらに鳩山一郎ら政党政治家に、新体制運動に対抗する理論として広く受け入れられていた。

新体制反対派は経済新体制や大政翼賛会を大日本帝国憲法に反するものとして攻撃していた。山本は「価格が市場における具体的現実的取引によって定まり、その価格を経済計算の基礎として生産の方向が決定せられるという市場機構」は、「古今に通じ」るものであるが、「徳川時代の末期にはそれが著しく妨げられて」おり、それを「意識的に蘇生確立」したのが明治維新であったとしている。新体制反対派にとって、幕府のような大政翼賛会を作り、経済統制を強化しようとする新体制運動は明治維新の成果（治安維持法がその変革を取り締まりの対象とした「国体」と「私有財産」）を失わせるいわば「反革命」であり、新体制ではなく封建的な旧体制（アンシャン・レジーム）への復帰であった。新体制反対論は明治維新の成果である大日本帝国憲法を擁護しようとする当時における護憲論であった。

†近衛新体制の終焉とその後

新体制運動の中心であったはずの近衛文麿は新体制に対する批判を受けて動揺するようになり、政治や経済の革新に著しく消極的になっていく。四〇年一二月に閣議決定された経済新体制確立要綱からは「資本と経営の分離」という言葉が消え、「適正ナル企業利潤」も認められるなど当初の革新色は大きく後退した。なおも大政翼賛会が憲法違反であるとする批判はやまず、四一年四月の改組により大政翼賛会は政治性を失って事実上戦争協力のための政府の外郭団体となり、当初の政治新体制の目標とは程遠い結果となった。結果として残ったのは、各種の個別の経済統制や政府の外郭団体となった大政翼賛会など、国民動員のための枠組みであった。

四一年一月から四月にかけて、企画院で経済新体制確立要綱原案作成に関わった調査官及び元調査官の稲葉秀三、正木千冬、和田博雄、勝間田清一《かつまたせいいち》らが治安維持法違反容疑で検挙される企画院事件（高等官グループ事件）が起きる。奥村喜和男は四一年一〇月の東条英機内閣成立と共に企画院を離れて内閣情報局次長に就任し、太平洋戦争下におけるイデオローグとして活躍するが、経済統制の実務に戻ることはなかった。東条内閣で商工大臣となった岸信介は美濃部洋次を商工省に呼び戻し、迫水久常も四二年には大蔵省に戻り戦時下の経済統制実務に従事する。四三年一一月に企画院は廃止されて業務は商工省と統合されて軍需省に移管され、同時に毛里英於菟は官職を辞した。こうしてネットワークとしての革新官僚は事実上消滅した。

しかし、四五年四月に成立した鈴木貫太郎内閣では、岡田啓介の推薦により岡田の娘婿の迫水が内閣書記官長となり、秋永月三が内閣総合計画局長官に就任した。こうした人事は四五年二月の「近衛上奏文」で「軍部内一味ノ革新運動、之ニ便乗スル所謂新官僚ノ運動」とこれを背後から操っているとされる「左翼分子」による共産革命の脅威を訴えていた近衛文麿やその周辺の人物からは強く警戒された。細川護貞は四五年四月九日の日記で、「此の内閣の誕生は、革新官僚の陰謀によりて岡田大将が動かされ、平沼〔騏一郎〕一派の別働隊と偶然一致して、鈴木大将を推したる為、急速に実現したる内閣にて、革新官僚系、即ち陸軍内の左翼は目的を達成せるわけにて、平沼系が又しても鳶に油揚げをさらはれんとしたる形なり」「秋永一派が顧みて「赤い舌」を出し居る所なるべし」と書いており、鈴木内閣は迫水や秋永ら革新官僚が岡田を動かして作り上げた内閣とみなしていた。その一方、鈴木内閣を「終戦内閣」ではないかと警戒していた陸軍は、元革新官僚の迫水らを歓迎して組閣に協力した。結果としては、近衛新体制の当事者のうち、指導者であった近衛ではなく、革新官僚として新体制の実務に携わった迫水らによって終戦への道が開かれたことになる。

†「計画的オポチュニズム」の結果としての近衛新体制

戦後の迫水久常は経済統制に否定的になる。後年の回想で迫水は革新官僚と呼ばれた大蔵省金融課長時代を振り返り「統制というのは、人間が神様のマネをすることだ」「神様のマネはしょせん不可能なること言を俟たず、統制なんてことは人間の能くすることにあらず、つくづくそう思ったね」と述べている。迫水の下で統制の実務に関わった下村治も同様に戦後は統制を否定し、計画に合わせて国民の活動を統制するのではなく、国民の創造力を解放することで結果として経済成長ができると説いた。池田勇人内閣で経済企画庁長官を務めた迫水は、かつての部下の下村の理論を解説しながら国民所得倍増が可能であることを説明している。

丸山眞男は、迫水から直接聞いた話として、大蔵省で毎年入ってくる新しい職員に対する訓辞で迫水が次のように言っていたと述べている。

官吏というものは計画的オポチュニストでなければならない。たんなるオポチュニストでなしに、同時にプランを作る能力のある人でなければならない。けれども他方ではどんな政治にもつかえるように、自分の精神態度をオポチュニスティックにしておかなければならない。だからどうしても計画能力のあるオポチュニストになる必要がある。

ここで想起されるのは橋川文三による「日本ファシズムは、ファシズムに値いするほどの異常性を表現したものではなく、近代日本の伝統的な官僚制の異常な戦時適応にすぎなかった」という評価である。実際の「新体制」を担った革新官僚と呼ばれた官僚たちが、各理念によって政策を正当化しつつも、「計画的オポチュニスト」として現実に対応して各種の統制を実行に移し国民を戦争に動員していったのが、近衛新体制の実態と言えるかもしれない。そしてその「オポチュニスティック」な経験は、国民の私益を抑圧するのではなくむしろ利用することで国民所得を増加させていった戦後の政策にも影響していると考えられる。

さらに詳しく知るための参考文献

ケネス・ルオフ（木村剛久訳）『紀元二千六百年――消費と観光のナショナリズム』（朝日選書、二〇一〇）……一九四〇年に繰り広げられた各種の紀元二千六百年記念行事について、娯楽を求める国民、利益を求める鉄道会社や百貨店など、そしてナショナリズムを高めようとする政府の相互作用から分析している。

塩崎弘明『国内新体制を求めて――両大戦後にわたる革新運動・思想の軌跡』（九州大学出版会、一九九八）……協同主義運動や陸軍省統制派官僚、経済評論家の高橋亀吉などの「革新」への志向がどのように新体制運動と関わることになったかを分析している。

島本実「革新官僚の台頭――構想の合流による相互補完的集団の成立」『ビジネスレビュー』第四五巻第四号（一九九八）……組織論を使って革新官僚を「既存の体制が動揺したときに、その間隙をぬって急速に台頭したミドル集団」と捉え、その台頭過程と終焉を解明している。

橋川文三『昭和ナショナリズムの諸相』（名古屋大学出版会、一九九四〔筒井清忠編〕）……早い時期に革新官僚に注目した橋川文三の論文集。橋川の「日本ファシズム」論を知る上で重要な論文を多く含む。

古川隆久『昭和戦中期の総合国策機関』（吉川弘文館、一九九二）……企画院を中心とする昭和戦中期の総合国策機関の果たした役割、そこに関わった軍人や革新官僚の思想と行動を詳細に分析している。

牧野邦昭『戦時下の経済学者』（中公叢書、二〇一〇）……戦時期の日本の経済学者の思想や行動を時代背景との関わりから分析する。特に第二章では本講で取り上げた山本勝市の思想を詳細に扱っている。

牧野邦昭、小堀聡、山川幸恵『荒木光太郎文書解説目録』（名古屋大学大学院経済学研究科附属国際経済政策研究センター情報資料室、二〇一四［http://www.nul.nagoya-u.ac.jp/erc/collection/araki.pdf］）……現在名古屋大学に所蔵されている、東京帝国大学経済学部教授を務めた経済学者である荒木光太郎の旧蔵文書の解説目録。同文書には美濃部洋次や迫水久常が設立に大きな役割を果たした世界経済調査会の資料、また迫水がやはり設立に関わった国家資力研究所の資料など、実務派革新官僚の行動を知る上で貴重な資料が多数含まれている。

丸山眞男『超国家主義の論理と心理　他八篇』（岩波文庫、二〇一五〔古矢旬編〕）……日本のナショナリズム研究の古典的論文「超国家主義の論理と心理」など、丸山眞男の重要な論文を多く含む。迫水から聞いた話は印象的だったらしく、本書の中で二回登場する（一九六、四五三頁）。

源川真希『近衛新体制の思想と政治――自由主義克服の時代』（有志舎、二〇〇九）……政治学者の矢部貞治、憲法学者の黒田覚の思想を分析し、二人がなぜ近衛新体制に関わっていったのかを明らかにしている。

山崎志郎『物資動員計画と共栄圏構想の形成』（日本経済評論社、二〇一二）……企画院が実施した日中戦争期の物資動員計画（物動、統制により軍需産業への物資優先配分を目指した計画）を年度ごとに詳細に分析している。経済新体制運動について、産業合理化政策などの国際的な動きの延長線上のものであり、「徹底的に軍事以外の「無駄」を排除する「合理主義的」な産業・企業の再編成」とする視点は興味深い。

第13講　日米交渉から開戦へ

森山　優

†日米交渉の開始

一九四〇（昭和一五）年一月二六日の日米通商航海条約失効により、アメリカは対日経済制裁をいつでも実施可能となっていた。重要資源の多くをアメリカから輸入していた日本にとって、対米関係の修復は喫緊の課題だった。しかし、同年七月、アメリカは石油、屑鉄・鋼などの重要物資を輸出統制品目に加え、八月に航空機用ガソリン（八七オクタン以上）を禁輸、さらに九月には屑鉄を禁輸とし、日本も日独伊三国条約を締結するなど、日米間の対立が深まりつつあった。

このような状況下で、関係改善を模索したのが日米交渉である。交渉の失敗が戦争を結果したことから、交渉に対する評価は日米共に著しく低かった。相手国がその交戦意図を隠蔽するためにしかけた謀略工作と見なしたためである。民間外交（メリノール会のウォルシュとドラウトに井川忠雄産業組合中央金庫理事が接触したことが発端）という始まり方が、その傾向に拍車をかけた。開戦時にアメリカ課長だった加瀬俊一は、野村吉三郎大使や井川忠雄の「素人外交」に対し、戦後も一貫して批判的であった。このような傾向に一石を投じたのが、塩崎弘明（一九八四）である。塩崎は、交渉の発足時には日米共に太平洋をめぐるバーゲニングを望む動機が存在したことを指摘し、それまでの「勝者と敗者」という二国間関係史の枠組みから語られてきた日米交渉史研究の新たな展開に道を開いた。その後、須藤眞志『日米開戦外交の研究』（慶應通信、一九八六）以降、日米交渉の大筋を書き換える外交史の著作は現れていない。

交渉の発端を概観してみよう。端緒となったのは一九四一（昭和一六）年四月一六日の日米諒解案である。たたき台としての案だったが、これを野村が本国をミスリードする送り方をする。ハル四原則（①全ての国家の領土保全と主権の不可侵、②内政不干渉、③通商機会均等、④平和的手段以外の太平洋の現状不変更）など日本側が受け入れがたい前提条件を伝えなかった。日本政府は、日米諒解案を米側の案と誤解し、その有利な条件（「満州国承認」や日中戦争解決のために米側が蔣介石に勧告する、南方資源獲得への米政府の協力など）に狂喜した。

しかし、日ソ中立条約をひっさげてアメリカと力の外交を展開しようと考えていた松岡洋右外相は帰国直後から「筋違い」の案にへそを曲げ、交渉をサボタージュした。やっと日本側の対案が送られたのは五月一二日、「日米諒解案」をさらに日本側に有利に改変した内容だった。交渉成立を危ぶんだ野村は日本案の全てを米側に伝えず、交渉は混乱する。これに対し同三一日の米側非公式案、六月二一日米国案とアメリカもその立場を鮮明にしたが、野村は交渉の成立を願うあまり当初これら全てを本国に伝達しなかった。米側の提案全文を入手してからも、付随するオーラル・ステートメントに松岡外相を忌避する文言が入っていたため、交渉はさらにこじれることになる。直後の六月二二日、ドイツがソ連領に侵攻。事態は急変する。

†独ソ開戦と「北進」「南進」論の対抗

独ソ開戦は、日米交渉の前提となるパワーバランスを突き崩した。ドイツの力がソ連に吸収されるならば、アメリカは日本との妥協を急ぐ必要性が薄れる。しかし、もしソ連がドイツに制圧されれば、枢軸側の力はさらに巨大なものとなってしまう。アメリカは対日妥協から、徐々に強硬路線へと舵を切り始めた。

ドイツは六月五日、大島浩大使を経由して、ソ連攻撃に踏み切ることを日本に通告してきた。日本では千載一遇の好機とばかりに、陸軍を中心に「北進」論が勃興する。その中心は参謀本部で、陸軍省側に動員を迫ったが、省部ともに慎重論と撃ソ論が混在していた。

何より、前年末から取り組んでいた南進策との関係もあった。日本は、タイと仏印の国境紛争に調停に乗り出し、双方への影響力を強めようとしていた。陸海軍はこれに乗じてタイ、仏印と軍事同盟を結び、基地を獲得しようと目論んだのである。しかし、松岡はシンガポール攻略を想定しない南方策は無意味と称して実行に移さず、陸海軍に対英戦の覚悟を問うた。陸海軍では、前年来、南方策に関する意見調整を続けていたが、海軍が主張する「英米不可分論」にまとまりつつあった。松岡は、陸海軍に対英米戦の覚悟がないことを見越して、はぐらかし続けていたのである。

陸海軍は、仏印の資源出し惜しみ、日蘭会商の不調、英米の対日包囲陣による圧迫感などから、南部仏印とタイだけとでも関係を強化しようとした。このため、対英米戦の覚悟を松岡に示し、「南方施策促進ニ関スル件」を連絡懇談会で採択に持ち込む（六月二五日）。

このような陸海軍と松岡の綱引きを複雑化させたのが、先の大島の独ソ開戦確報であった。「南方施策促進ニ関スル件」と同時並行的に、新たな「国策」の策定作業が進められ、「情勢ノ推移ニ伴フ帝国国策要綱」が七月二日に御前会議で決定された。この「国策」が当面の方針として採択したのは、日中戦争の解決と「南北準備陣」であった。自存自衛のための「南進」と、好機の場合の対ソ参戦の両面に備える「両論併記」の「国策」である。文言の上では「対英米戦を辞せず」と大見得を切ってはいたが、重点はあくまでも準備だった。

ところが、審議の過程で、松岡は南部仏印進駐の中止と撃ソ論を主張し、懇談会を混乱させた。松岡以外の文官でも、原嘉道枢密院議長が撃ソ論を唱える有様であった。

つまり、「北進」論と「南進」論がせめぎ合う中で、とりあえず採用されたのが南部仏印進駐だった。あくまでも、英米との決定的対立には至らない範囲での「南進」と考えられていたのである。

「両論併記」であろうと、「国策」が明文化されたら、政策の実行に根拠を与える。参謀本部を主とする撃ソ論者は、対ソ戦の準備を口実に東条英機陸相に動員を迫り、七月五日、新たに約五〇万人を召集することが決定した。関特演（関東軍特種演習）である。陸軍は八月上旬までに極東ソ連軍が弱体化しなければ、年内の北方武力行使を断念するつもりだった。参謀本部が期待した極東ソ連軍の兵力減少は起こらず、八月九日に年内の武力行使は放棄され、焦点は翌年春に移った。

結局、「北進」論は実行に移されず、日ソ間の中立状態は一九四五年の敗戦直前にソ連が条約を一方的に破るまで機能していた。このため、従来の研究史では、「北進」論が日本の対外政策に与えた影響を見逃しがちだった。しかし、アメリカとの戦争が激しくなっても、陸軍にとって主敵はソ連であり続けた。陸軍が目標を対ソ戦から対米戦に切り替えたのは、開戦後約二年弱を経過した一九四三年九月からであり（戸部良一『逆説の軍隊』中央公論社、一九九八）、その時点で関東軍は創設以来最大規模を誇っていたのである。

海軍は、北に引っ張られることを極度に警戒した。南方資源地帯とは異なり、北に資源はほとんどない（北樺太の油田は日本の需要を賄える規模ではなかった）。シベリアに攻め入れば、国力を消耗するだけになってしまう。海軍は対米開戦後も陸軍の撃ソ論を牽制し続けたのである。

†南部仏印進駐と対日全面禁輸

結果的に、日本が対米開戦へと大きく傾斜していく契機となったのは、米英蘭による対日全面禁輸であった。石油のほとんどを輸入に頼っていた日本にとって全面禁輸は石油の途絶を意味していた。もちろん、緊急時に備えて備蓄は実施されていたが、平時で二年、戦時で一年半分程度の量しかなかった。備蓄が枯渇する前に当時の産油地帯である蘭印（オランダ領東インド）を攻略しようという意見が、統帥部や中堅層を中心に台頭する。

日本側は南部仏印進駐が英米の強烈な反対を引き起こすとは考えていなかった。角田《つの》順《だ》（「日本の対米開戦」『太平洋戦争への道7』）は、海軍中堅層が日本を対米戦に誘導するために南部仏印進駐を推進したと指摘した。しかし、決定過程を詳細に検討した森山優（一九九八）によると、結果論の色彩が濃い。

日本側の観測とは異なり、アメリカは南部仏印進駐の情報を知るや、すぐさま対抗措置を採る。七月二六日、在米日本資産の凍結に踏み切ったのである。しかし、全面禁輸が日本の武力行動を誘発するという指摘は当時から存在していた。このためアメリカ政府は、これは禁輸ではなく、決済の度ごとに必要な資金の凍結が解除されると説明した。八月一日、アメリカはさらなる石油禁輸措置を発表。日中戦争前の消費量を越える量の石油の禁輸に加え、潤滑油、航空機用ガソリンを輸出禁止とした。これらを除く物資の輸入は可能なはずだったが、アメリカは代金の決済方法を示さず、結果的に対日全面禁輸となった。

資産凍結が、なぜ全面禁輸となったのか。その原因について、戦争が終わった直後から現在まで議論が続いている（荒川憲一「対日全面禁輸決定の構造」『防衛大学校紀要 社会科学分冊』七二、一九九六）。フランクリン・ローズヴェルトの確固たる意思とするものもあれば、世論の圧力を原因とするもの、さらにはローズヴェルトやコーデル・ハルは全面禁輸になっていたことを九月まで知らなかったとの指摘まである（ジョナサン・G・アトリー『GOING TO WAR WITH JAPAN アメリカの対日戦略』朝日出版社、一九八九）。アメリカの意思決定が現在でもブラックボックスであれば、全面禁輸を同時代的に予測することは甚だ困難だったろう。

米側の強硬態度に困惑した近衛文麿首相（対米交渉推進の阻害要因となっていた松岡外相を放逐するため、いったん総辞職して七月一八日に第三次近衛内閣を組閣したばかりだった）は、ローズヴェルト大統領と直接会って事態を打開しようとする日米巨頭会談構想を表明した。話がまとまれば、すぐさま天皇に裁可を願う算段だった。陸軍の介入を回避する奇策である。ローズヴェルトは当初、会談に乗り気を示して日本側に期待を抱かせた。

交渉打開への期待感と交渉不調への不安が錯綜するなか、九月六日の御前会議では、一〇月上旬頃までに外交交渉が成立する目途がない場合は開戦に踏み切るとする「帝国国策遂行要領」が採択された。交渉に期限を切った決定に不信感を表明したのは、昭和天皇である。前日の五日、杉山元《げん》参謀総長に対し戦争に対する見通しの甘さを追及し、御前会議でも慣例を破って質問した。さらに席上、明治天皇御製の短歌を読み上げて統帥部の意向を質した。天皇は、統帥部が交渉成立の見込みを無視して戦争に持ち込もうとしていると疑っていたのである。天皇の態度に、政府・統帥部共に外交交渉に真摯に取り組むことを表明する。しかし、外交交渉が成立するかどうかは、アメリカ次第である。「帝国国策遂行要領」の日本側条件は、到底アメリカが受諾するとは思えない内容だった。

アメリカでは、巨頭会談に対し、スタンレー・ホーンベック国務省極東部政治顧問ら対日強硬派が執拗に反対し、ハル国務長官も自分の頭越しに外交案件を決めようとするやり方に消極的だった。米側は会談前に細部を詰める方向に傾く。このため、事前に手の内を見せずに会談の席で一定の譲歩を示して交渉をまとめようと考えていた近衛は、苦境に追い込まれた。やむなく日本側は、中国撤兵問題に関する玉虫色の案を米側に提示して、巨頭会談にこぎ着けようとした。しかし、米側は日本に明確な譲歩を要求する回答を一〇月二日に寄せ、条件が曖昧なままでの巨頭会談開催を拒絶する。近衛は、豊田貞次郎外相、及川古志郎海相らの後援を得て譲歩案をまとめようとしたが、東条陸相は頑として受け入れようとはしなかった。一〇月一六日、近衛はついに内閣を投げ出す。後継は東久邇宮《ひがしくにのみや》内閣が想定されたが、皇族内閣が開戦して敗北した場合、累は天皇に及ぶ。このため、東久邇宮案は葬られ、組閣の大命は東条陸相に降下した。

†東条内閣と日米交渉

中国からの撤兵に反対して第三次近衛内閣を倒閣に追い込んだ張本人に組閣させること自体、戦争を志向したと考えるのが普通であろう。しかし、仮に日米交渉がまとまっても、撤兵の実が伴わなければ意味がない。それを実行できるのは現役の陸軍大臣である東条のみである。東条への大命降下の裏には、このような判断が存在していた。さらに天皇は、九月の御前会議決定を御破算にする白紙還元の御諚《ごじょう》を政府に下し、今までの行きかがりか

1941年11月18日（米時間17日）、ホワイトハウスでローズベルト大統領との会談を終えた野村大使（左）と来栖大使（中央）

ら離れて「国策」を再検討することを命じたのである。東条は、さっそく再検討を開始した。問題は、白紙還元の御諚が下されたのは政府のみで、統帥部には天皇の影響力が行使されなかったことである。結局、統帥部は結論を全く変えなかった。参謀本部は交渉打ち切り・即時開戦決意を主張する。

約一週間の再検討の結果、選択肢は臥薪嘗胆《がしんしょうたん》、即時開戦決意、作戦準備と外交交渉を併行し成果があげられなかった場合は開戦、の三つに絞られた。一一月一日の連絡会議では一六時間を超える激論が繰り広げられ、議論は深更に及んだ。前内閣まで避戦の重要な担い手だった海軍は、嶋田繁太郎新海相の下、開戦容認へと転換する。鈴木貞一《ていいち》企画院総裁も、物資の面から長期戦の遂行は可能と、その立場を変更した。東郷茂徳外相、賀屋《かや》興宣《おきのり》蔵相は開戦に反対したが、開戦した方が有利とする議論の論拠を突き崩すことができなかった。連絡会議は、まず外交交渉、それが不調の場合は開戦という結論を採用。開戦へと大きく踏み出したのである。

交渉は、前内閣よりも譲歩の幅を広げた甲案（包括案）と、乙案（南部仏印からの撤兵と通商再開のバーター案）の二段構えで実施されることとなったが、いずれもアメリカにとって受諾困難な条項を含んでおり、成功の望みは薄かった。また、野村・来栖三郎両大使が独断で乙案より譲歩した案を米側に提出したことを東郷が叱責したことや、彼の甲案の審議過程での強硬態度（豊田前外相のハル四原則容認を撤回）なども含め、東郷外相に対する評価は厳しい（前掲須藤一九八六、吉田裕・森茂樹『アジア・太平洋戦争』〔吉川弘文館、二〇〇七〕など）。これに対し、森山（二〇〇九）が新たな観点から東郷の開戦外交を位置づけ直し、議論が分かれている。

†ハル・ノート

一一月二六日、アメリカは日本側に非公式提案を手交、いわゆるハル・ノート（日本側の呼称。定着したのは戦後）である。それはハル四原則、日本の中国・仏印からの撤兵（警察力を含む）、蔣介石政権以外の中国政府の否認、三国同盟の事実上の撤廃という、きわめて強硬な内容であった。日本側が甲案・乙案という形で曲がりなりにも妥協を示してきたのに対し、アメリカは最終段階で突如として条件をつり上げたのである。ハル・ノートは日本に残っていた対米交渉への希望を微塵に打ち砕いた。その衝撃の大きさは、開戦の場合は辞任することを考えていた東郷外相が、一転してその職にとどまって戦争に突き進んだことにも窺えよう。また、きっての知日派ロバート・クレーギー駐日イギリス大使がハル・ノートの内容を知って、戦争になるのは当然と述懐したことも、その不寛容さを象徴している。

開戦派にとっては、国内が一致結束して対米戦に臨むことが可能となった天佑でもあった。それでは、アメリカはどのような意図をもって、このハル・ノートを渡したのだろうか。作成経緯については須藤（一九八六）、同『ハル・ノートを書いた男』（文春新書、一九九九）に詳しい。実は、ハルが暫定協定案を作成して、直前まで対日妥協を模索していたことが知られている。米英は未だに戦争準備が済んでおらず、目前に迫った危機（甲乙両案が日本の最終案であることを暗号解読により知っていた）を回避するメリットがあった。このため、三カ月の期限つきで、日本軍が南部仏印から撤兵すれば資産凍結を解除して一定の物資を供給する内容の暫定協定案を考えたのである。これはハル・ノートと共に日本側に渡される予定で、英・中・オーストラリア・オランダの各大使・公使に内示された。内容的に乙案との開きはあったが、これが日本側に渡されていたら日本がすんなりと開戦に踏み切れたかどうか、研究者のなかでも意見が分かれている。

現実には、手交の前日に突然ハルは暫定協定案の提示をあきらめ、ハル・ノートのみを日本側に手渡した。その原因については、諸説さまざまである。ハル自身は、その回顧録で各国の非協力的態度に嫌気がさしたと述懐しているが、戦後書かれた回顧録自体の信憑性に疑いがあり、検討を要する。他に原因を①中国やイギリスの反対、②ヘンリー・スチムソン陸軍長官がもたらした日本軍の大兵力南下の誤報、③中国が妥協案をプレスにリークしたことをハルが嫌った、とするものなど、枚挙にいとまがない。中国の反対についてはアメリカはさほど重視しておらず、イギリスも明確に反対したわけではなく後に案が廃棄されたと知り驚いていることなどを考えると、①が主要な原因とは考えにくい。②③についても状況証拠であり、決定打とまでは言えない。この問題は、今後も議論が続くであろう。いずれにせよ、すでにアメリカが交渉による戦争回避を諦め、日本に戦争をしかけられる選択肢をとったことは確かである。

†真珠湾陰謀説と暗号戦

真珠湾陰謀説とは、ローズヴェルト大統領がアジアの「裏戸」(Backdoor)から欧州に参戦するため、日本の真珠湾攻撃を察知していたのに放置して攻撃させたとする議論である。この作戦は、誰からも発見されずにハワイに忍び寄って攻撃部隊を発進させなければならず、事前の図上演習でも成功は覚束なかった。しかし、実際には米太平洋艦隊の戦艦のほとんどに壊滅的な打撃を与えた。そもそも真珠湾攻撃は不可能と考えられ、アメリカの目は東南アジアに注がれていたが故に、奇跡的な成功を収めたのである。しかし、陰謀説は日本にとっての僥倖《ぎょうこう》の連続を、誰かが仕組んだものと解釈する。この議論は、アメリカの共和党系を中心に、修正派（revisionist）が主として唱えており、戦争終結直後から幾度となく繰り返されてきた。しかし、それを直接的に立証する史料は現在に至るまで示されていない。にもかかわらず、何らかの陰謀があったと思っている人々が日米ともに一定程度存在していることも事実である。

もちろん、ローズヴェルトのみならずアメリカ政府の首脳が、日本に「最初の一弾をうたせ」たかったこと、そのように「誘導して行」きたかったことは事実である（一九四一年一一月二五日付「スチムソン日記」『現代史資料34　太平洋戦争1』みすず書房、一九六八）。しかし、願望が現実になったことと、それを願った人物が犯人であるかどうかは、別の問題である。

陰謀説の根拠とされてきた史料の一つに、アメリカによって暗号解読された日本の外交電報がある（マジック情報）。それによって、日本が近々戦争を始めることを察知できたし、日本が真珠湾の米太平洋艦隊の動静を探っていたことも知っていた。しかし、日本は攻撃対象地全てに対して情報活動を展開しており、それらの情報によって、真珠湾関係の情報は「ノイズ」に埋もれてしまったと考えられている（ロベルタ・ウールステッター『パールハーバー』一九六二〔邦訳は読売新聞社、一九八七〕）。そもそも、真珠湾攻撃は外務省に知らされておらず、外交電報に真珠湾攻撃を示す表現が出現するはずもない。

当時、方位探知の技術（船から発信された無線電波を傍受することで発信源の位置を推定する）はすでに実用化され、広く知られていた。そのため、日本の機動部隊は厳重な無線封止を実施して船舶の往来が少ない北側の航路を通ってハワイに向かった。さらに、日本近海から大規模な偽電作戦（攻撃部隊の呼出符号を利用した欺騙《ぎへん》）を実施して居場所をくらませようとしていた。アメリカが機動部隊の位置を知っていたとするジョン・トーランド『真珠湾攻撃』（文藝春秋、一九八二）は、実際の機動部隊の位置、進行方向とは異なる史料（マーシャル群島から南東へ向かうと記されていた）を根拠としていた。

また、ロバート・スティネット『真珠湾の真実――ルーズベルト欺瞞の日々』（文藝春秋、二〇〇一）も、機動部隊が無線封止を破って電波を垂れ流し、かつ日本海軍の暗号電報を開戦前から米側が解読していたことを前提として議論を展開している。これも論拠は不明で、議論も破綻していると言わざるを得ない。常識的に考えれば、攻撃直前に太平洋艦隊を真珠湾から出港させれば、被害を受けることなく参戦の大義はアメリカ側に転がり込む（秦郁彦「スティネット『欺瞞の日』の欺瞞」同編『検証・真珠湾の謎と真実』PHP研究所、二〇〇一）。

本問題については須藤（二〇〇四）が説得的な議論を展開している。しかし、陰謀が「なかったこと」を証明するのは不可能なので、今後も陰謀説は繰り返し提起され、消えていくだろう。

さらに詳しく知るための参考文献

塩崎弘明『日英米戦争の岐路』（山川出版社、一九八四）……伊藤隆と『井川忠雄日米交渉史料』（山川出版社、一九八二）を編纂した塩崎は、本書で民間外交の担い手に日米両政府の後ろ盾があったことを立証し、国際関係のなかから日米交渉を位置づけ直すことを提唱した。

須藤眞志『真珠湾〈奇襲〉論争』（講談社選書メチエ、二〇〇四）……世上に横溢する数々の真珠湾陰謀説が実証的には成立しないことを論証したもの。軍事的な部分で若干の瑕疵があるものの、外交史の立場からの分析として貴重。

日本国際政治学会太平洋戦争原因研究部編『太平洋戦争への道6　南方進出／7　日米開戦』（朝日新聞社、一九六三）……戦後初めて一次史料を大量に使用して編纂された『太平洋戦争への道』シリーズの6、7巻。特に7巻の角田順「日本の対米開戦」は、それまで「善玉」と捉えられてきた海軍の開戦論を強調したため、当時存命だった関係者にも波紋を巻き起こした。海軍国防政策第一委員会を中心とする海軍中堅層が一九四一年六月の段階で対米開戦を決意し、日本を対米戦に誘導するために南部仏印進駐を推進したとする陰謀論的な議論で、その後の研究に与えた影響も大きい。問題は、使用した非公開史料に関する情報がほとんど記されておらず、確認が不可能だったことである。この点は一九八七年に新装版が出版された際に是正されたが、その段階ですら非公開の史料も多かった。

防衛庁防衛研修所戦史室『戦史叢書　大本営陸軍部大東亜戦争開戦経緯』1〜5（朝雲新聞社、一九七三〜七四）……数多の未公刊・未公開史料や証言を駆使して編纂された著作。多くの事実を明らかにしており、まずは繙くべきもの。ただ、執筆が旧陸軍軍人であり、一定のバイアスがかかっていることに留意する必要がある。典拠が現在でも非公開のものや、証言の場合は記録として残されていないものも多く、いずれも検証不可能な点は残念。

三輪宗弘『太平洋戦争と石油――戦略物資の軍事と経済』（日本経済評論社、二〇〇六）……日米戦争の原因となった石油問題の経緯を、戦時・戦後も含めて実証的に明らかにした著作。

森山優『日米開戦の政治過程』（吉川弘文館、一九九八）……海軍関係者の新発見史料や防衛庁戦史部の公開史料などをふんだんに使用して、政策決定過程を可能な限り緻密に実証した著作。陰謀論的な解釈や責任論から距離を置き、当時の複雑な政策決定システムの特徴を、吉沢南から継承・発展させた「両論併記」さらに新たに「非決定」という概念を加えて分析した。

森山優「開戦外交と東郷外相――乙案をめぐる攻防」（『東アジア近代史』一二、二〇〇九）……従来はあまり評価されて来なかった東郷茂徳外務大臣の対米交渉を、外交の統制力強化という観点から再検討した論文。東郷が乙案による交渉成立に向けて精緻にプランニングしていた可能性を指摘した。

森山優『日本はなぜ開戦に踏み切ったか――「両論併記」と「非決定」』（新潮選書、二〇一二）……森山（一九九八、二〇〇九）の成果を一般書として再構成し、より具体的に開戦過程を跡づけたもの。一九四一年一一月の段階で臥薪嘗胆が採択されず期限付きの外交が選択されたことへの考察、野村・来栖が東郷から叱責された後にも乙案を改変して交渉妥結をめざしたことなど、新たな知見も加えられている。

吉沢南『戦争拡大の構図――日本軍の仏印進駐』（青木書店、一九八六）……天皇の戦争責任を問う立場から、仏印進駐をめぐる日本の政策決定過程を検討し、「両論並立的秩序」という概念を提唱した著作。

「なぜ」戦争が起こったのかという問題の立て方によって隘路に陥っていた責任論を、「どのように」起こったのかと問い直すことで、新たな境地を開いた。

第14講　「聖断」と「終戦」の政治過程

鈴木多聞

†二度にわたる「聖断」

一九四五（昭和二〇）年の「終戦」にいたる主な過程を列挙すると、次のようになる。

六月八日　御前会議（本土決戦方針を決定）
六月二二日　秘密御前会議（対ソ外交交渉を決定）
七月二七日　ポツダム宣言受信
八月六日　広島への原爆投下
八月九日未明　ソ連の対日参戦
八月九日　長崎への原爆投下
八月一〇日午前零時三分　第一回御前会議（国体護持を条件にポツダム宣言受諾）

八月一四日　第二回御前会議（連合国回答文の受諾を決定）
八月一五日正午　玉音放送

この年表により三つのことに気づかされる。第一に、原爆投下とソ連参戦の時期が重なっていることである。そのため、両者が降伏に与えた影響は区別しづらい。この点は「日本を降伏させたのは原爆投下なのか、それともソ連参戦なのか」という論争を複雑なものにしている（麻田貞雄「原爆投下の衝撃と降伏の決定」〔細谷千博・入江昭・後藤乾一・波多野澄雄編『太平洋戦争の終結』柏書房、一九九七〕）。原爆要因を重視する論者は「終戦」には原爆は必要であったとし、ソ連要因を重視する論者は、原爆は不要であったとする。

第二に、御前会議の政治的役割が大きかったことである。実際、降伏を決定するための御前会議は二度開かれ、二度の「聖断」が政治の流れを左右した。この点は「なぜもっと早く『聖断』ができなかったのか」という論争を生んでいる。「聖断」の成功を強調する論者は天皇の政治指導を評価し、「遅すぎた聖断」であったとする論者は天皇の責任に言及する。

第三に、これはあまり注目されないことだが、八月九日から一週間という短い時間の中でポツダム宣言の受諾が決定されたことである。

さて、近年は研究の細分化がすすみ、天皇や陸海軍の政策の変化が解明される傾向にある。そこで、本講は、二〇一四年に公開された『昭和天皇実録』を活用しつつ、「聖断」と「終戦」の政治過程を概観してみる。

†昭和天皇と本土決戦

いわゆる『昭和天皇独白録』によれば、昭和天皇の降伏理由は二つあった。一つは、本土決戦を行えば日本民族が亡びてしまうことであり、もう一つは、三種の神器の移動が間に合わないため、国体が護持できないことである。

四月七日、首相となった鈴木貫太郎は、満開の桜が散っていくのをみて、ローマが亡びていった歴史を思い出したという。鈴木首相には「軍人が政治に出るのは国を亡ぼす基なり」という信念があった（以下、断りのない限り、外務省編『終戦史録』官公庁資料編纂会、一九九六、江藤淳監修、栗原健・波多野澄雄編『終戦工作の記録』上・下、講談社文庫、一九八六、鈴木多聞『「終戦」の政治史　1943－1945』東京大学出版会、二〇一一、鈴木多聞「昭和天皇と日本の「終戦」」〔北岡伸一編『国際環境の変容と政軍関係』中央公論新社、二〇一三〕より引用）。

五月七日、ドイツが降伏すると、翌日にはアメリカのトルーマン大統領が日本に降伏を勧告した。これに対し、日本は、五月一一日から密かに六巨頭会議（首相、外相、陸相、海相、参謀総長、軍令部総長）を開催し、対ソ政策の見直しなどについて話し合った。

天皇の前で本土決戦が正式決定されたのは、六月八日のことである。この日の御前会議では、戦争目的が「国体を護持し皇土を保衛し征戦目的の達成を期す」と再定義された。すなわち、本土決戦に勝って国体と領土だけでも確保できれば、戦争目的は達成したことになるのである。

実は、日本には、戦争に必要な石油がなくなりかけていた。このため、航空用ガソリンは九月頃にはなくなる見通しであった。国力は秋頃までが限界であった。御前会議で報告された作戦計画によれば、九州・四国での決戦が七、八月、関東平野での決戦が初秋以降と予想されていた（なお、戦後明らかになったところでは、米軍は一一月一日に九州に上陸する予定であった）。

六月一三日、昭和天皇は、沖縄の海軍守備隊が玉砕したことを知った。また、この日、昭和天皇は、大本営を長野（松代）に移動する計画について聞かされた。ちなみに、従来の研究ではあまり重要視されていないが、昭和天皇に、より大きなショックを与えたのは、松代大本営の存在そのものよりも、松代へ移動する時期が迫っていたことであった可能性が高い。

翌日、昭和天皇は、母の貞明《ていめい》皇太后に軽井沢への疎開をすすめた。ひどいストレスだったのだろう。昭和天皇は、この前後から体調を崩し、下痢や嘔吐を繰り返す。

昭和天皇の降伏条件が大幅に低下したのは、六月上旬のことであったといわれている。その理由は、本土決戦に負けると考えていたからである。この判断を裏付けるかのように、参謀総長梅津美治郎や海軍戦力査察使の長谷川清海軍大将からも、日本軍の戦備の貧弱さが報告されていた。さらには、関東平野の戦備の実情に関する報告書も未提出の状態であった。

六月二二日、昭和天皇は、自らの発意で「懇談会」と称して、秘密御前会議を開催した。軍事と並行して外交を行うように指示したのである。当時、日ソ間には日ソ中立条約が存在していたため、鈴木内閣は、七月一三日、ソ連に対して和平の仲介を申し入れた。だが、このときすでに、ソ連は対日参戦をアメリカに約束しており、日本の外交は手遅れであった。そのソ連は日本に対して曖昧な態度をとり続け、ポツダム会談を口実に回答を引き延ばした。

七月三一日、昭和天皇と内大臣木戸幸一は、三種の神器の移動について話し合っている。『昭和天皇実録』によれば、三種の神器は岐阜県高山市にある水無神社（飛驒一宮水無神社）に移動させる予定であったようだ。天皇は「万一の場合には自分が御守りして運命を共にする」と述べた。いつ米軍が本土に上陸してもおかしくはなかった。貞明皇太后の疎開は、八月二〇日と決定した（小田部雄次『昭憲皇太后・貞明皇后』ミネルヴァ書房、二〇一〇）。

実は、大本営の長野（松代）への移動予定の日程についてはよくわかっていない。陸軍大臣の次級副官であった小林四男治中佐の回想によれば、七月中旬から輸送を開始し、八月中旬には天皇も移動する計画を立ててはいたものの、七月の直前になって延期することになったという（読売新聞社編『昭和史の天皇』3、読売新聞社、一九六八）。七月一三日の対ソ外交の開始にともなって、松代への移動の日程が延期されていた可能性が高い。

†ポツダム宣言の「黙殺」

七月二六日、英米中はポツダム宣言を発表した。あの日本の降伏が「無条件降伏」だったのかどうかについては、現在の研究者の間でも解釈がわかれている。当時、外務省の中では「条件」が提示されているではないかという声もあった。すなわち、ポツダム宣言が要求しているものは、日本軍の無条件降伏（unconditional surrender）であって、日本に対する「条件」（terms）として、保障占領・武装解除・戦争責任者の処罰などが示されていたからである。

むしろ、それよりも日本側が注目したのは、ポツダム宣言にソ連が加入していないことであった。さらには、関係者が懸念していた天皇制に関する言及もない。原爆実験（七月一六日）に成功していた米国は強気であった。原爆投下を前提として、ポツダム宣言が発表されたのではないかという説もあるほどである。

二八日午後四時、鈴木首相は、記者会見の場で「政府としては何ら重大な価値ありとは考えない。ただ黙殺するだけである」と失言したといわれている。ところが、最近の研究では、首相の記者会見よりも前に、メディアが「政府は黙殺」（二八日朝刊）と報道していたことが指摘されている。二年前のカイロ宣言のときも政府は「黙殺」しており、その記憶が影響を与えていたのかもしれない（仲晃『黙殺』日本放送出版協会、二〇〇〇、波多野澄雄「鈴木貫太郎の終戦指導」軍事史学会編『第二次世界大戦（三）』錦正社、一九九五）。

このとき、日本はソ連の回答を待ち続けていた。他方、日本がポツダム宣言を「黙殺」したことは、皮肉にも、米国の原爆投下、ソ連の対日参戦に口実を与えることとなった。

†原爆の投下

八月六日八時一五分、広島に原爆が投下された（死者約一四万人）。トルーマン大統領は、投下した爆弾は原子爆弾であると発表した。日本側は「新型爆弾」と呼称し、陸海軍は調査団を広島へと派遣した。

翌七日一九時半、陸軍大臣阿南惟幾《あなみこれちか》と外務大臣東郷茂徳は一時間半にわたって懇談し、阿南陸相は長期戦には自信がないと暗に認めたという。

八日一五時五五分、空襲警報が発令され、昭和天皇は特殊防空壕に入った。これは原爆の影響によるものと考えられる。一六時四〇分、防空壕内で東郷外相が拝謁すると、昭和天皇は「此種武器が使用せらるる以上、敵軍の上陸に際する戦争は不可能となるにより、有利なる条件を得んが為に戦争終結の時機を逸することは不可なり」と述べた。

九日早朝、大本営特殊情報部は、広島原爆機と似たコールサインを持つB29が基地から呼び出されたことをキャッチした（松木秀文・夜久恭裕『原爆投下　黙殺された極秘情報』NHK出版、二〇一二）。陸海軍はB29少数機でも警戒するようになっており、午前一〇時二五分、長崎の大村飛行場に緊急発進の命令が下っている（直居欽哉「天に向かって無限に伸びる黒雲」『潮』一八三号、一九七四）。

†ソ連の参戦と第一回御前会議

最近の研究によれば、日本はソ連参戦の兆候を事前につかんでいたという。日本はソ連が兵力を極東に送っていることを知っていたし、スイスの駐在武官も、ソ連が「ヤルタ会談に於て極東の戦争期限を定め右時期に日本が屈服せざる場合には対日戦に関し英米を援くる旨約せり」と本国に警告していた（岡部二〇一二、吉見直人『終戦史――なぜ決断できなかったのか』NHK出版、二〇一三)。

　日本の予想がはずれたのは、ソ連参戦の有無ではなく、ソ連参戦の時期の問題であった。もっとも、陸軍内部でも、そのソ連参戦の時期については意見が一致していたとはいえない。参謀本部ロシア課の白木末成大佐が対日参戦を八、九月頃と予想していたのに対し、種村佐孝大佐などは反対意見を述べていたという(朝枝繁春『追憶』私家版、一九九七)。

　九日未明、ソ連軍は、ソ満国境から一斉に進撃を開始した。ソ連参戦をラジオ放送で知った陸軍首脳部は、一種のメンタル・ショックを受けた。関東軍の主力は本土へ移してあり、三カ月前後で玉砕するだろうと判断された。

　陸軍にとって、ソ連参戦は、国家の死命を制するものであった。本土決戦まではソ連が参戦しないことを切実に祈るあまり、参謀次長河辺虎四郎は「おそらく大丈夫だろう」という声の方に耳を傾けていた。河辺次長は、原爆投下で片方の頰をたたかれ、ソ連参戦でもう一方の頰を思い切りたたかれ、さらには「どうする?」と問われたような気がしたという。

　八月九日は日本の運命を左右した二四時間であった。午前一〇時半に最高戦争指導会議が開かれ、午後には臨時閣議が二度も開かれた。だが、夜二二時を過ぎても意見がまとまらない。

九日の閣議では、陸相阿南惟幾と海相米内光政とが激しく言い争った。

陸相　会戦では負けているが戦争では負けていない、陸海軍間の感覚がちがう。
海相　敗北とはいわぬが、日本は負けている。
陸相　負けているとは思わぬ。
海相　勝つ見込あれば問題はない。
陸相　ソロバンでは判断出来ぬ。兎に角国体の護持が危険である。条件附にて国体が護持出来るのである。手足をもがれてどうして護持出来るか。

阿南陸相は国体護持ができなければ戦争を継続する予定であった。また、武装解除され、保障占領された後では、国体の護持は難しいとも考えていた。

一〇日午前零時三分、第一回御前会議が開かれた。真夜中の会議であった。阿南陸相、梅津参謀総長、豊田副武軍令部総長の三名は、国体を護持するには最低でも四条件（国体護持・自主的武装解除・自主的戦犯処罰・保障占領拒否）が必要であると言った。一方、米内海相、東郷茂徳外相、平沼騏一郎枢相の三名は、四条件を提示して決裂することをおそれ、一条件（国体護持）のみでポツダム宣言を受諾すべきだといった。

一〇日午前二時頃、御前会議の進行役をつとめていた鈴木首相は、突然、立ち上がり、天皇の前に進み出て意見を求めた。昭和天皇は、明確に、外相案に賛成すると述べた。

天皇　陸海統帥部の計画は常に錯誤し時機を失す。本土決戦と言うが九十九里浜の防御陣地は遅れ八月末にあらざれば出来ずと言う。増設部隊も装備未だに整わずと言う。之れで米軍を如何にして邀撃し得るや。

これが、いわゆる、第一回目の「聖断」である。本土決戦に勝てないので、ポツダム宣言を条件付きで受諾するというロジックであった。

一〇日早朝、日本は連合国に対し「天皇の国家統治の大権」を変更しないことを条件に、ポツダム宣言の受諾を申し入れた。午前四時頃から翻訳作業にとりかかっていた外務省は「天皇の国家統治の大権」という日本語を「the prerogatives of His Majesty as a sovereign ruler」と英訳した。ソ連参戦から約二八時間後のことであった。

†「無条件降伏」の「条件」

降伏の最終局面では「条件」と「国体」の解釈が問題となった。これに英語と日本語のニュアンスがからんだ。そもそも「天皇の国家統治の大権」とは日本語でも難しい。枢相平沼騏一郎の国体論によれば、天皇の統治の本体は憲法によって定まったものではなく、国法を超越するものである（長谷川二〇〇六）。

一二日午前零時四五分、米国のサンフランシスコ放送は、日本の申し入れに対する連合国の回答文を放送した。そして、降伏後の天皇の処遇には正面からふれず、連合国の立場を表明するにとどまった。その要点は次のようなものであった。

①降伏後、天皇及び日本政府の国家統治の権限は、連合国最高司令官の制限の下（subject to）に置かるるものとす。

②最終的の日本国の政府の形態（The ultimate form of Government of Japan）は、ポツダム宣言にしたがい、日本国民の自由に表明された意思によって決定せらるべきものとす。

外務省は翻訳に苦心した。①については、天皇の権限が、連合国最高司令官に移るのではなく、ただ制限されるだけであるということにし、「サブジェクト・トゥー」（Subject to）を「従属」「隷属」ではなく「制限の下に置かるるものとす」と意訳した。②については、「政治形態」「統治組織」とは訳さずに、あたかも天皇の下における「政府の形態」であるかのように意訳した。

連合国の回答文は国体論者を刺激し、国内情勢は崩壊の危機に直面した。午前八時四〇分、陸海軍の両総長は受諾反対の上奏を行い、連合国は日本を属国化し、国民の自由意思による国体の変更を意図していると主張した。

昭和天皇は、連合国の保障占領については一抹の不安を抱いてはいたものの、日本の国民が自由に意思を表明する場合、国民の多数は「国体」の変更を支持しないだろうと考えていた。さらには、翌一三日午前二時一〇分、スウェーデンの岡本季正《すえまさ》公使から、諸外国の新聞記事に関する電報が届くと、昭和天皇は「朕には確証がある」と強い態度を示すようになっていった。岡本電報は、日本の要求は条件付でアクセプト（accept）されたと述べていたからである。

ちょうど同じ頃、陸軍内部では「国体」を護持するためのクーデターが主張されていた。阿南陸相の義弟にあたる竹下正彦中佐は、天皇を「守護」し、要人を「保護」する計画を上層部に進言した。皇居には「長野へ送る荷物を運びだしにきました」という軍のトラックも乗り込んできた。

一三日夕方、米軍機は、日本側申し入れと連合国回答文を印刷した降伏勧告ビラを東京上空から散布した。翌朝の八時三〇分、昭和天皇はこの米軍ビラを読み、クーデターが起こると直感した。そして、すぐに鈴木首相を呼び、会議を開くよう指示した。

一四日午前一一時二分、異例にも、天皇の発意で第二回御前会議が開かれた。鈴木首相が最高戦争指導会議の議論を報告し、受諾反対の三名（陸相、両総長）が意見を述べた。このとき、昭和天皇は涙を流して次のように述べたといわれる。

天皇　敵側の回答に付ては総長及陸軍大臣の反対があり、国体に動揺を来すと言うたが、朕はかく考えぬ。保証占領後危険ありと言うが敵が悪意あるとはあの文面からは考えられぬ。朕も多少の不安あるも然し此の儘戦を継続しては国土も民族も国体も破滅し只単に玉砕に終るのみ。

第二回御前会議の争点は連合国回答文の解釈の問題であった。「無条件降伏」の「条件」がギリギリのところで受け容れられるものであったからこそ、降伏するメリットがあると考えられたのである。同時に「条件」の解釈には、相手国に対する信頼感の有無の問題がつきまとった。昭和天皇は「敵が悪意あるとはあの文面からは考えられぬ」と相手国の好意を信じる気持ちが強かったのである。

†七日間の心理状態

筆者は、日本の降伏は、国家レベルでは、四要因（本土決戦回避、原爆投下、ソ連参戦、「無条件降伏」の「条件」）によるものと考えている。ただし、個人レベルにおける因果関係は別次元である。

個人レベルで考えるならば、八月九日のソ連参戦から七日間という短期間のうちに「聖断」が二度も行われたために、政治家や軍人の大部分は不眠不休の状態だった。たとえば、クーデター計画の中心にいた竹下正彦陸軍中佐は「連日不眠」（軍事史学会編『大本営陸軍部戦争指導班機密戦争日誌』錦正社、一九九八）とメモしているし、和平運動の中心にいた高松宮（昭和天皇の実弟、海軍大佐）も「大体の進み方は予想していたが、それでも最後の数日の『テンポ』には全く思索が追及出来ず」と書いている（高松宮宣仁親王『高松宮日記』中央公論社、一九九七）。

戦前の教育を受けた政治家や軍人にとって、戦争継続にしろ、降伏にしろ、苦渋の選択であった。当事者からみれば、無条件降伏はいつでもできるものであって、なんとかしてそれを回避しようとする努力がなされていた。

睡眠不足は思考力を低下させたし、時間の不足は心理的余裕を奪った。しかも、限られた時間と不確実な情報の中で、意見を決めなければならなかったのである。このようなとき、人間は、過去の経験と現状の評価を軸に意思決定をする。したがって、八月九日以降の政局における天皇・各大臣の主張は、過去の小さな出来事の積み重ねを加味して考える必要がある。さらに、現在からみれば取るに足らない出来事であっても、当事者にとっては、切迫した状況の中では、より大きくみえた可能性が高い。

実際、当時、天皇の「聖断」は御前会議の結果ではなく、軍部に対する不信感の表現であるという考え方が存在した。陸軍の河辺次長は「累積したる対軍不信感の表現なり」（河辺虎四郎文書研究会編『承詔必謹』国書刊行会、二〇〇五）と日誌に書いている。このような天皇の軍部観が降伏を決めた理由の背後に存在していたと考えてもよいだろう。

追記

本研究は、ＪＳＰＳ科研費７０６３６２１６の助成を受けている。学術研究の性格上、文中の敬称は全て省略した。なお、参考文献は、膨大な量にのぼるため、二〇一一年以降の主要な研究のみを左記に列挙する。それ以前のものについては、拙著『「終戦」の政治史』（東京大学出版会、二〇一一）を参照されたい。

さらに詳しく知るための参考文献

伊藤之雄『昭和天皇伝』（文藝春秋、二〇一一／文春文庫、二〇一四）……天皇の人格形成における、円熟味や威信の有無に着目し、これらが「聖断」の政治的成功をもたらしたとする。

岡部伸『消えたヤルタ密約緊急電——情報士官・小野寺信の孤独な戦い』（新潮選書、二〇一二）……スウェーデンの駐在武官であった陸軍少将小野寺信は、ソ連参戦に関する情報を東京に打電していた。日英の史料を利用しつつ、小野寺の諜報活動を再評価している。

加藤陽子『昭和天皇と戦争の世紀（天皇の歴史08）』（講談社、二〇一一）

加藤陽子「日本軍の武装解除についての一考察」増田弘編『大日本帝国の崩壊と引揚・復員』（慶應義塾大学出版会、二〇一二）……日本軍にとって、武装解除の拒否は、国体護持を別にすれば、最重要の条件であった。加藤は、昭和天皇が御前会議において三国干渉時の詔勅に言及したのにも、このような政治的背景があり、降伏直後も、日本軍は軍用資材を民間へと横流しすることで、接収を逃れようとしたのではないかとする。

纐纈厚『日本はなぜ戦争をやめられなかったのか――中心軸なき国家の矛盾』（社会評論社、二〇一三）……日本の政治指導者の対ソ和平外交には他者依存型の姿勢がみられ、「聖断」には民意への迎合の側面があったと論じている。

庄司潤一郎「戦争終結をめぐる日本の戦略――対ソ工作を中心として」三宅正樹・庄司潤一郎・石津朋之・山本文史編『検証　太平洋戦争とその戦略2』（中央公論新社、二〇一三）……ソ連は日本の「国体」とは相反するイデオロギーを有していた。このような仮想敵であったにもかかわらず、なぜ対ソ外交が希望的観測に陥っていったのかを論じている。

波多野澄雄「終戦をめぐる指導者群像――鈴木貫太郎を中心に」戸部良一編『近代日本のリーダーシップ』（千倉書房、二〇一四）……首相の鈴木貫太郎は、戦争に正邪を認めず、戦争目的を国体護持や皇土保衛に絞り、「聖断」を活用した。「聖断」は明治憲法体制を逸脱する輔弼制度の運用であったという立場から論じている。

手嶋泰伸『昭和戦時期の海軍と政治』（吉川弘文館、二〇一三）……終戦時に海軍大臣であった米内光政は、管掌範囲に敏感な人物で、主管大臣を尊重する人物であった。一条件を主張した海相と四条件を主張した陸相・両総長とでは、部下統制に対する考え方が異なったと指摘する。

長谷川毅「原爆、ソ連参戦、天皇制、終戦工作迷走の政治分析」猪瀬直樹・菊澤研宗・小谷賢・戸高一

成・戸部良一・長谷川毅・原剛・別宮暖朗・水島吉隆・村井友秀『事例研究日本と日本軍の失敗のメカニズム――間違いはなぜ繰り返されるのか』(中央公論新社、二〇一三)
長谷川毅『暗闘――スターリン、トルーマンと日本降伏』(中央公論新社、二〇〇六年／中公文庫、上・下、二〇一一)……日本が降伏する過程を国際関係史の文脈から解釈し、ソ連参戦の衝撃を明らかにしている。「国体の護持」が「皇室の護持」のみに再定義されていく過程に注目する。
古川隆久『ポツダム宣言と軍国日本』(吉川弘文館、二〇一二)
古川隆久『昭和天皇――「理性の君主」の孤独』(中公新書、二〇一一)……昭和天皇の理想は排外主義的な国民の支持を得ることができず、不適切な旧憲法の制度設計にはばまれた。理性の君主ゆえに孤独に陥ってしまったとする。
山本智之『主戦か講和か――帝国陸軍の秘密終戦工作』(新潮選書、二〇一三)……必ずしも陸軍は、徹底抗戦でも一枚岩でもなかった。主戦派、早期講和派、中間派の三派があり、実は陸軍こそが戦争終結を導いたとする。
Jeremy Yellen, "The Specter of Revolution: Reconsidering Japan's Decision to Surrender", *The International History Review*, Vol. 35, No. 1 (Mar. 2013) ……日本の政治エリートが降伏を決断したのは、その背後に国内の革命への恐怖があったからであると指摘する。
Yukiko Koshiro, *Imperial Eclipse* (Cornell University Press, 2013) ……日本は、米ソの覇権争いに着目し、その対立構造を利用して、戦後を有利にしようとしていたとする。

第15講 日本占領――アメリカの対日政策の国際的背景

井口治夫

†研究動向と本講の狙い

第二次世界大戦終結後、敗戦国となった日本が経済的に復活することはなぜ可能となったのだろうか。先行研究は、日本国内の権力者、官僚、財界人などにより日本の復活が達成されていった側面に注目するものが多い。

占領期についての代表的な先行研究を挙げてみよう。

連合国軍による対日占領期の通史的研究は、五百旗頭真《いおきべまこと》『占領期――首相たちの新日本』（講談社学術文庫、二〇〇七）と『日本の近代6――戦争・占領・講和 1941～1955』（中公文庫、二〇一三）があり、米国側の動向についてはマイケル・シャラー『アジアにおける冷戦の起源――アメリカの対日占領』（木鐸社、一九九六）が詳しい。また近年では、楠《くすのき》綾子『占領から独立へ（現代日本政治史1）』（吉川弘文館、二〇一三）、福永文夫『日本占領史 1945－1952——東京・ワシントン・沖縄』（中公新書、二〇一四）が優れている。

マッカーサーについては、増田弘『マッカーサー』（中公新書、二〇〇九）がある。

このほか、米国の占領政策や日本の再軍備問題を扱った近年の研究書として、佐道明広『戦後日本の防衛と政治』（吉川弘文館、二〇〇三）、中島信吾『戦後日本の防衛政策——「吉田路線」をめぐる政治・外交・軍事』（慶應義塾大学出版会、二〇〇六）、楠綾子『吉田茂と安全保障政策の形成——日米の構想とその相互作用』（ミネルヴァ書房、二〇〇九）、柴山太『日本再軍備への道』（ミネルヴァ書房、二〇一〇）などが国内外の動向を幅広く分析している。

また占領期の日米関係で活躍した米国人を複数取り上げている研究書として、ハワード・ションバーガーによる『ジャパニーズ・コネクション——海運王K・スガハラ外伝』（文藝春秋、一九九五）と『占領1945～1952——戦後日本をつくりあげた8人のアメリカ人』（時事通信社、一九九四）の二冊がある。

日本の政党政治の再生・発展についての政治史研究としては、福永文夫『占領下中道政権の形成と崩壊——GHQ民政局と日本社会党』（岩波書店、一九九七）、中北浩爾『経済復興と戦後政治——日本社会党1945年－1951年』（東京大学出版会、一九九八）、村井哲也『戦後政治体制の起源——吉田茂の「官邸主導」』（藤原書店、二〇〇五）、小宮京『自由民主党の誕生——総裁公選と組織政党論』（木鐸社、二〇一〇）などがある。

憲法改正問題については代表的なものとして、護憲派の立場からの古関彰一『日本国憲法の誕生』（岩波現代文庫、二〇〇九）、同『平和憲法の深層』（ちくま新書、二〇一五）、改憲派の立場からの西修『日本国憲法はこうして生まれた』（中公文庫、二〇〇〇）、同『日本国憲法成立過程の研究』（成文堂、二〇〇四）がある。

占領期の検閲などメディア関係の研究は、有山輝雄『占領期メディア史研究——自由と統制・1945年』（柏書房、一九九六）と山本武利『GHQの検閲・諜報・宣伝工作』（岩波現代全書、二〇一三）が必読である。

GHQによる占領統治を脱し、再び独立国家へと戻るプロセスについての古典的研究として、細谷千博『サンフランシスコ講和への道』（中央公論社、一九八四）がある。

ただ、以上のような先行研究は、戦後の日本の国際社会への復帰について、中国の戦後国際政治における凋落と関連づけて検証していない。実は戦後日本の運命は、冷戦と中国情勢によって決定されたといっても過言ではない。以下で筆者の見解を述べてみたい。

†日米開戦まで

満州の重工業化の成功は、米国資本の満州への導入にかかっている——在奉天米国総領事館員であったジョン・P・デーヴィスは、鮎川義介率いる満州重工業の発足直後からそう分析していた。デーヴィスは、戦後封じ込め政策の立役者ジョージ・F・ケナン（国務省政策企画室長）が、第二次戦中の駐ソ米国大使館時代から一目置いていた部下であった。

鮎川は、満州国を米国に事実上認めさせて、米国から満州へ投資を流入させる構想を持っていた。だが、在奉天米国総領事館は、米国政府の姿勢を反映して、日本版修正門戸開放主義（日本が主導権を握りつつ米国などに東アジア市場の門戸開放を行う考え）を認めなかった。日中戦争の泥沼化で日米関係も悪化し、「満州国」が治外法権撤廃を米国に強要していくなか、米国は、門戸開放の定義を厳格化していった。

日本が一九四〇年九月に枢軸国同盟を締結した後、日米関係はさらに悪化し、四一年七月下旬に日本が南仏印へ進駐すると、米国は英蘭と協力し全面的な対日経済制裁に踏み切る。日本は石油を輸入できなくなり、これらの国々における日本の資産は凍結された。

ユダヤ系財界人ヘンリー・モーゲンソー財務長官は、日本を含む対枢軸国経済制裁政策を主導しつつも、日本の暫定協定模索の動きに対して理解を示していた。彼は日本に対して宥和低姿勢をとり、日本の枢軸同盟離脱という確信を得ようとしていた。だが大統領と国務長官は、マジック（日本の外交機密電文を解読していた米国のシステム）を通じて日本に枢軸同盟離脱の意思がなく、対米戦争へ踏み切るかもしれないと察知していた。対日戦争への準備が十分でなく、また参戦反対が米国内世論の多数派であったなか、大統領と国務長官は暫定協定によって、対日戦争準備が完了する四二年春まで、三カ月程度日米戦争を先送りしようとした。だが彼らは暫定協定を進める姿勢を貫くことができなかった。

こうしたなか、一九四一年一二月八日、日本海軍は真珠湾を奇襲攻撃した。米国世論は参戦支持へと劇的に変わった。米国はすでに軍事支援国（一九四一年春以降、英国と中国へ。四一年夏にソ連へ）だったが、英中ソなどの連合国側の国としての正式参戦となった（なお四一年九月以降、米国は北大西洋上でドイツ海軍とたびたび軍事衝突していた）。

✝蔣介石政権の動向

日露戦争以降、米国は日本を東アジアにおけるジュニア・パートナーと位置づけてきた。例外は、一九三七年の日中全面戦争から一九四七年半ばまでの約一〇年間だけである。一九六〇年代末、米国の国際経済競争力が失墜していくなか米国に次ぐ経済大国になった日本を警戒していた時期や、ニクソン政権が米中国交正常化を電撃的に推進した一九七〇年代前半も、日本をジュニア・パートナーとする位置づけには変わりはなかった。

日本敗戦後、朝鮮戦争、ベトナム戦争と続くアジアの歴史の転換点では、米国のリアリズムに基づく判断が大きな影響力をもったが、国共内戦での国民党の敗退、さらに台湾への敗退によって、米国の中華民国へのリアリスティックな評価が、国際社会における日本の位置づけを規定していくことになる。

戦時中、米国は、東アジアの戦後秩序におけるジュニア・パートナーとして、中華民国（国民党政権）を予定していた。そのため日本の敗戦後、米国は中国の安定化を早く確立すべく、国民党と共産党の内戦という、一九三六年の西安事件以前の情勢に中国が戻らないよう、国民党主導の共産党との連立政権実現を懸命に推進した。ただ、戦時中の米中関係は決して緊密とはいえなかった。それは、中国首脳が出席しない一九四五年二月のヤルタ会談において、米国がソ連の中国への権益要求を認めていたことにも表れていた。

一九四四年春に日本陸軍が中国大陸で一号作戦を決行し、同年秋に中国沿岸部を再びすべて支配下においたが、米国と中華民国との関係は冷え込んでいた。米国は、蔣介石政権の軍事的能力に幻滅し、蔣介石の軍事顧問を務めていたジョセフ・スティルウェル大将の中国方面総軍司令官への任命を検討した。同年一〇月、米国大統領から蔣介石に対し、スティルウェル任命を受け入れなければ対中軍事支援を打ち切るという「最後通告」の電報を、スティルウェル自らが蔣介石に手渡した。しかし蔣介石政権は、ローズヴェルト政権に対して巻き返しを図り、スティルウェルは大統領により同月下旬更迭された。蔣介石は総軍司令官としての地位を維持し、米国から引き続き軍事支援を得ていった。

同じ頃、米国政府は米国陸軍とともに、重慶駐在の外交官ジョセフ・P・デーヴィスを中心に、延安の中国共産党への軍事支援を検討していた。中国共産党軍の対日ゲリラ作戦の成功例に注目し、この利用を検討したのだが、結局実現しなかった。

パトリック・ハーレー（フーヴァー政権時代の陸軍長官）は中国大使として赴任すると、蔣介石政権に対して中国共産党との対話と協力を促した。このような米国の努力は日本の敗戦後も続いた。だが米国政府は、蔣介石が日本の一号作戦の成功に直面して日本と単独講和を結ぶことを懸念していたため、蔣介石を中国方面の総軍司令官の座から追い払うことができず、国共の協力関係構築への蔣介石政権の消極姿勢も是正できなかった。

さらに米国は、中国を戦後秩序を担う五大国の一員と想定していたため、蔣介石政権の立場を尊重した。四四年後半に組織化されていった国際連合では安全保障理事会常任理事国になり、同時期に発足しつつあった国際通貨基金と国際復興開発銀行という戦後制定されたブレトン・ウッズ体制（モーゲンソー財務長官とその側近が同体制考案者）においても不動の地位を得るはずであった。

†日本の経済復興と賠償問題

日本のポツダム宣言受諾と、そのタイミングは日本側に委ねられていた。昭和天皇の御前会議における判断は連合国が想定していたよりかなり早く、マッカーサー元帥の連合国

マッカーサー（左）とニミッツ

最高司令官就任を決定的にした。戦争が長引いていれば、海軍が後押ししていたチェスター・ニミッツ提督が就任していたかもしれない。マッカーサーは自分の裁量権に基づき政治的判断を実行したがる政治家的軍人だったが、ニミッツは実務家的で、昭和天皇を利用しつつ占領政策を進め、天皇制を温存させる戦後憲法を実現するといった高度な政治判断はできなかったかもしれない。また、もしも一九四五年一一月に米軍が九州上陸作戦を行っていたら、上陸前に核兵器を使用したであろうし、化学兵器も使用していたかもしれない。

予想より早かった日本の敗戦により、米国はソ連の北海道進攻前に圧倒的に主導権を握る形で日本を占領した。他方、米国は中国大陸では、ソ連による満州の軍事占領と、中国共産党の勢力拡大を黙認した。一九四四年の日本の一号作戦以来、中国沿岸部全域が日本軍の占領下にあったため、国民党政権は首都重慶をはじめとする内陸部から中国全土への移動は米軍が提供する輸送に専ら依存していた。そして満州では、日本の重化学工業の設備を戦争賠償として解体・移送していたソ連が、国民党政権の満州への進出を拒んだ。国民党政権は、満州の日本の設備は中国の領土にあるのだから中国のものだと主張したが、ソ連はこうした設備は日本製だからソ連に持ち去る権利があると主張した。

米国政府は、トルーマン大統領の政治的盟友エドウィン・ポーレーを団長として欧州におけるドイツの工業設備とアジアにおける日本の工業設備を調査させ、対独・対日賠償報告書（ポーレー報告書）を作成させた。これは、終戦後こうした設備を、近隣諸国に与えた経済的損失の賠償として戦勝国に移設しようとした連合国の方針に基づいてであった。ローズヴェルトの一九四五年四月の急逝、トルーマンの大統領昇格に伴い、ドイツを農業国化する政策を強行しようとしたモーゲンソー財務長官は更迭されたが、枢軸国の重化学工業復活を連合国は認めておらず、枢軸国内の重化学工業設備が海外へ移設される可能性は高かった。だが、その可能性は米ソ対立の激化によって低くなり、一九四七年に米国がマーシャル・プランを発表すると、移設の動きは大きく後退していった。

米国ではハーバート・C・フーヴァー元大統領、ジェームズ・フォレスタル海軍長官（一九四七年から初代国防長官）、ウィリアム・ドレイパー陸軍次官、アベレル・ハリマン駐ソ米国大使ら、反共産主義の保守主義者が、米国主導で国際経済を復興させるべく西ドイツや日本の経済復興を終戦時から望んでいた。

ポーレー報告書の政策提言はフーヴァーが骨抜きにしていったが、日本の場合、米ソ対立に加えて中華民国の中国大陸における支配権崩壊で、その骨抜きが初めて可能となった。

一九四六年七月一〇日に来日したフォレスタル海軍長官は、その前に訪れた中国で、国民党と共産党の内戦がもはや回避できないと米国特使マーシャル前参謀総長より聞いた。フォレスタルは、厚木到着後マッカーサーと会談した。マッカーサーは、日本経済の復興のため、賠償問題の早期決着の必要性を強調し、賠償の一環として日本の機械類による一部弁済については、戦時中に機械類がメンテナンスを犠牲にして酷使されていたため、価値が過大評価されていると指摘した。これは、日本の機械類流出を回避するためのコメントだったのかもしれない。マッカーサーもフォレスタルも、賠償問題の迷走による日本経済復興の遅延は、日本国内におけるソ連の影響力を高めるリスクにつながると見ていた。

また中国情勢についてマッカーサーは、国民党政権は腐敗などさまざまな問題を抱えているものの、米国は国民党政権を引き続き支持していくべきだと論じた。そして注目すべきことに彼はフォレスタルに、米国は日本を自国の最西端の対ソ防衛線の一部と位置付けねばならないと語った。この見解は翌年のマッカーサーの早期講和論の前提となった。

†ケナンの封じ込め政策

米国の対日経済政策の転換が公表された一九四八年、国共内戦において国民党軍は急激に劣勢に回り、一九四九年一〇月に中華人民共和国が誕生、中華民国は台湾における地方政権へと凋落した。米国は、一九五〇年二月の中ソ同盟誕生までの時期、中華人民共和国のチトー化（ユーゴスラヴィアのようにソ連から引き離すこと）を狙い、一九四九年八月には中華民国を見放す中国白書を出す一方、中華人民共和国と水面下で外交交渉を行い、蔣介石を下野させた後の台湾の統治として、①国連の信託統治下、②米国による軍政、③日本の植民地下で暮らしていた台湾島民による政権樹立、の三つを模索した。

ケナンが提唱した中ソ離間政策をディーン・アチソン国務長官は検討し、米国は中華人民共和国と水面下で接近したが、一九五〇年二月の中ソ同盟の締結に伴い水泡に帰した。それでも米国は、中華民国における蔣介石の失脚を朝鮮戦争勃発直前まで図っていた。

以上の四九年夏から朝鮮戦争勃発直前までの台湾政策には、アチソン国務長官の政策企画室長ケナンと前述のデーヴィスをはじめとする企画室スタッフらが深く関与していた。ケナンは、ソ連を頂点とする共産主義勢力の封じ込めを戦時中から模索していた前述のフォレスタルに注目され、国務省内で四六年以降頭角を現していた。

米国内保守派は反共の立場から世界経済の早期回復を望んでおり、米国の財政負担軽減のためにも、西ドイツと日本の生産能力を弱体化することには慎重だった。彼らは米ソ対立激化のなか、一九四七年五月頃から米国の安保・外交政策の主導権を握った。これはフォレスタル初代国防長官の後押しで、ケナンの外交政策が政府内に浸透した時期と重なる。

ケナンの封じ込め政策は、世界経済を支える設備と技術を持つ米国、西欧、東欧、ソ連、日本のうち、米国は西半球の西欧と日本をまずは影響下に置くというものだった。ケナンはソ連や共産主義の拡大を、軍事力よりも外交と諜報活動によって阻止すべきだとした。

ケナンは、米国の世論から遮断された状態で外交政策を立案していたが、アチソン国務長官は、世論なかでも連邦議会の圧力に晒されていた。蔣介石率いる国民党政権は一九三〇年代後半から米国のマスコミや政界に食い込んでおり、戦時中彼らと共和党とのパイプは太くなった。中国白書刊行後、トルーマン大統領とアチソンが台湾に米国軍事顧問団を派遣したのは、国民党軍が台湾海峡を挟んだ中共軍の攻撃を持ちこたえるだろうと見たからだけでなく、米国内の国民党政権シンパの政治的影響力を無視できなかったからだった。

†米国の対日政策の転換と知日派の動き

戦後日本の一つ目の転換点は米ソ対立であったが、見落とされがちなのは、中国の国民党政権の混乱・弱体化という二つ目の転換点である。米ソ対立が深刻化していった一九四六〜四八年に、米国のアジア・太平洋地域における安全保障戦略の要となるはずだった中国国民党政権が、中国共産党との内戦で混乱・弱体化したため、米国は日本重視に回帰していった。それにより日本は重化学工業の発展を伴いつつ経済復興を成し遂げていった。

内戦は国民党に不利に展開していたため、一九四七年三月にマッカーサーが提唱した早期講和は実現されなかった。米国務省は、日本の工業設備を、中国を中心とする東アジアと東南アジアへ移送して工業化をジャンプスタートさせる構想をもっていたが、これは封じ込め政策を推進するケナンが国務省内で対日政策の主導権を握るとともに撤回された。

ケナンと並んで対日政策の転換を推進したのがウィリアム・ドレイパーであった。一九四七年九月から四九年二月まで陸軍少将の位で陸軍次官を務めていた彼は、戦前ディロン・リード投資銀行役員であった（当時同行の社長はフォレスタル）。一九四〇年にマーシャル参謀総長の要請で陸軍省内の大統領の徴兵制諮問委員会の委員となり、降伏後のドイツの占領政策決定機関連合国管理理事会の経済局長として、モーゲンソー計画の流れをくむドイツの農業化政策に反対し、ドイツ工業の復活を促す占領政策を実現させていった。

こうした政府内の動きを側面支援したのが、フーヴァーや米国内知日グループであった。一九四六年半ば以降対日政策逆コースを唱えたフーヴァーは、米国対日評議会（American

Council on Japan、いわゆるジャパン・ロビー）が結成された四八年六月以前から、知日グループの静かなパートナーだった。米国対日評議会は、ジョセフ・グルー（戦前最後の駐日大使で日本の政財官界に人脈があった）、ウィリアム・キャッスル（フーヴァーの側近でフーヴァー政権時代に駐日大使と国務次官を歴任）、ユージン・ドゥマン（グルーの駐日大使時代と帰国後終戦時までの側近）と、『ニューズウィーク』外交問題編集者ハリー・カーン、弁護士ジェームズ・リー・コフマンら民間人が中心になって結成された。

この対日評議会と連携するもう一人の有力者は、ドレイパー陸軍次官であった。フーヴァー、ドレイパーと対日評議会メンバーは、マッカーサーの経済政策あるいは公職追放の適用法、特に財界人の公職追放と過度な財閥解体に批判的であった。特にコフマンとカーン、そしてカーンの部下で東京特派員のコンプトン・パケナムは、マスコミを通じて公にマッカーサーを、日本経済早期復興の必要性の観点から批判した。コフマンは、戦前から日本で弁護士活動をしており、戦後も日米に事務所を構えて法務活動を行っていた。

†サンフランシスコ講和条約と戦後の安全保障体制

朝鮮戦争勃発で日本の重化学工業は復活したが、その持続的発展を可能にしたのは、米国が主導したサンフランシスコ講和条約と、日米通商航海条約の締結、また米国が主導権を握るブレトン・ウッズ体制（国際通貨基金、世界銀行、関税と貿易に関する一般協定）への参加であった。日本の経済界、とくに繊維産業などの軽工業界は中華人民共和国との国交樹立を望んだが、米国の干渉により、吉田茂首相は中華民国との国交樹立を選択した。中華民国は対日請求権を放棄して、日華条約を締結した。

サンフランシスコ講和条約は、二つの中国とソ連などが署名しなかった片面講和だった。吉田首相は、国会と国民に事前に説明せずに講和条約を締結し、さらに朝鮮戦争が続くなか日米安全保障条約に署名、大規模な米軍の駐留継続と基地の提供を認めた。他方、吉田は米国政府の大規模な再軍備の圧力に屈せず、朝鮮戦争中に創設された警察予備隊を改編し、一九五四年に自衛隊を創設。その軽武装路線と専守防衛の姿勢を維持した。アイゼンハワー政権が一九五三年に発足した当初、国務長官ジョン・F・ダレスは、日本も組み込んだ米国を中心とする集団安全保障の枠組みの構築を模索したが、吉田政権の抵抗と、太平洋地域におけるほかの対米同盟国の日本に対する不信に阻まれて挫折した。

一方、米国が台湾と安全保障条約を締結したのは、朝鮮戦争終結後であった。米国は、安全保障条約を結べば蔣介石が暴走し中国本土へと侵攻しないかと危惧していたが、第一次台湾海峡危機を逆手にとり、米国は蔣介石政権に中国大陸へと侵攻しないよう誓約させた上で同条約締結に踏み切った。その後、中華民国・国民党は米国に見捨てられる恐怖から、米国の政治と社会に食い込んでいった。チャイナ（台湾）・ロビーは、ミリオン・メンズ・クラブやタイム誌を通じて米国内のジャパン・ロビーと連携した。この連携はニクソン訪中後に消滅したが、チャイナ・ロビーは米中国交正常化を遅らせることに貢献した。

米国の戦時中の構想が実現されていたならば、中華民国は東アジアのリーダーとして、国連安全保障理事会常任理事国のみならず、世界銀行、国際通貨基金、そして関税と貿易に関する一般協定において存在感のある国になるはずだったし、中華民国は日本に対して賠償の請求や日本の経済復興のあり方でさまざまな干渉をしたであろう。

日本は、米国市場という、終戦時には世界経済の約半分を占めていた経済圏へアクセスできた。そして米国主導の世界銀行からドルを借り受け、米国企業の技術、設備、生産システムのノウハウを習得した。米国が推進した日本との経済・文化交流により、日本の産官学界は米国の世界最先端の技術や生産システムを貪欲に吸収していった。日本は中華人民共和国とソ連に対して等距離外交を展開して全面講和を締結したならば、フィンランド化していたかもしれない。当然、中ソから世界最先端の技術の取得は不可能であった。

米国の外交・安全保障政策で日本重視の潮流を形成したのは、日本経済の有用性を認識していたフーヴァーのほか、ドレイパーやフォレスタルのようなディロン・リード投資銀行元幹部であった。米国は、冷戦における日本の経済的安定を優先し、日本が新重商主義に基づき米国の直接投資を受けることに消極的なのを黙認した。米国の世界戦略に巻き込まれるのを危惧した日本は、社会全体として米国との絆を深めていくのに消極的だった。

一九三〇年代、日本は米国の経済界とのネットワーク構築に失敗し、戦争への道を進んだ。現在の日米の友好関係を強めるには、層の厚い日米の経済と文化の交流が必要だろう。

さらに詳しく知るための参考文献

井口治夫『鮎川義介と経済的国際主義――満洲問題から戦後日米関係へ』(名古屋大学出版会、二〇一二)……本講で言及していることがより詳しく紹介されている。

井口治夫「共和党右派とダグラス・マッカーサー大統領候補擁立運動」『史林』第九二巻第五号(二〇〇九年九月)……マッカーサーについての最新研究。

井口治夫「戦後日本の君主制とアメリカ」伊藤之雄・川田稔編著『二〇世紀日本の天皇と君主制』(吉川弘文館、二〇〇四)……マッカーサーと天皇の関係について。

ハワード・ションバーガー(袖井林二郎訳)『ジャパニーズ・コネクション――海運王K・スガハラ外伝』(文藝春秋、一九九五)……占領期の日米間で暗躍した米国人たちの群像を描く。

ブルース・カミングス(鄭敬謨他訳)『朝鮮戦争の起源 2【下】――「革命的」内戦とアメリカの覇権 一九四七年―一九五〇年』(明石書店、二〇一二)……朝鮮戦争勃発前の米中関係、米台湾関係に詳しい。

バーバラ・タックマン(杉辺利英訳)『失敗したアメリカの中国政策――ビルマ戦線のスティルウェル将軍』(朝日新聞社、一九九六)……戦時中の米国と蔣介石政権の関係に詳しい。

あとがき

筒井清忠

ようやく無事刊行にまでこぎつけることができた。昭和史の各重要テーマについて最先端の専門研究者によってまとめられた書物というものは今の所ほかにないので、本書は得がたい書物ということになるだろう。

筆者が若いころはこうした書物が多かった気がするが、最近はめっきり減ってしまった。教養主義が衰退すると、これまで蓄積した知識の成果を継受しそれに新しい成果を付け加えるという意識が希薄になってくるので、こういうことが起きるのではないかと思われる。

本人自身も何が新しいのかよくわからないままに何かを言い、それをまたよくわからぬままにマスメディアが増幅するというのが、教養主義が衰退した現代という時代の姿だが、「昭和史」もそれに翻弄されてきた気がする。本書はそれに対するささやかな反攻だが、私たちはまだ全くの少数派ではないことを信じたい。

なお、本書の各章の執筆者には適宜アドヴァイスをさせてもらったが、言うまでもなくそれぞれは独立の章であり、各章で述べられた見解は編者のものでなく各執筆者のものである。

戦後七〇年という節目にこうした書物を刊行することの意義を理解してくださり、編者・執筆者間をとりまとめて刊行にこぎつけて下さったちくま新書編集部の松田健氏に謝意を表したい。

二〇一五年五月

編・執筆者紹介

筒井清忠（つつい・きよただ）【編者／まえがき・第7講・あとがき】
一九四八年生まれ。帝京大学学術顧問。東京財団主席研究員。京都大学大学院文学研究科博士課程単位取得退学。博士（文学）。専門は日本近現代史、歴史社会学。著書『昭和戦前期の政党政治』『天皇・コロナ・ポピュリズム』（以上、ちくま新書）、『二・二六事件とその時代』（ちくま学芸文庫）、『近衛文麿』（岩波現代文庫）、『二・二六事件と青年将校』（吉川弘文館）など。

＊

渡邉公太（わたなべ・こうた）【第1講】
一九八四年生まれ。帝京大学文学部日本文化学科准教授。神戸大学大学院法学研究科博士後期課程修了。博士（政治学）。専門は日本政治外交史。著書『石井菊次郎』（吉田書店）、『第一次大戦期日本の戦時外交』（現代図書）など。

小山俊樹（こやま・としき）【第2講】
一九七六年生まれ。帝京大学文学部史学科教授。京都大学大学院人間・環境学研究科博士課程修了。博士（人間・環境学）。専門は日本近現代政治史。著書『憲政常道と政党政治』（思文閣出版）、『近代機密費史料集成』（ゆまに書房）、『倉富勇三郎日記』（共著、国書刊行会）など。

家近亮子（いえちか・りょうこ）【第3講】
敬愛大学国際学部特任名誉教授。放送大学客員教授。慶應義塾大学大学院法学研究科博士課程修了。博士（法学）。専門は中国近現代政治史、日中関係史。著書『東アジア現代史』（ちくま新書）、『蔣介石と南京国民政府』（慶應義塾大学出版会）、『日中関係の基本構造』（晃洋書房）、『蔣介石の外交戦略と日中戦争』（岩波書店）など。

畑野　勇（はたの・いさむ）【第4講】
一九七一年生まれ。著述業。成蹊大学大学院法学政治学研究科博士課程修了。博士（政治学）。専門は日本政治史・外交史、日本海軍史。著書『近代日本の軍産学複合体』（創文社）など。

等松春夫（とうまつ・はるお）【第5講】
一九六二年生まれ。防衛大学校人文社会科学群国際関係学科教授。オックスフォード大学大学院国際関係学研究科博士課程修了。博士（政治学）。専門は政治外交史、比較戦争史。著書『日本帝国と委任統治』（名古屋大学出版会）、『日中戦争の軍事的展開』（共著、慶應義塾大学出版会）、『日英交流史1600－2000　3　軍事』（共著、東京大学出版会）など。

柴田紳一（しばた・しんいち）【第6講】
一九五八年生まれ。国学院大学文学部史学科准教授。国学院大学文学部史学科卒業。専門は日本近現代史。著書『昭和期の皇室と政治外交』（原書房）、『日本近代史研究余録』（渡辺出版）など。

岩谷　將（いわたに・のぶ）【第8講】
一九七六年生まれ。北海道大学公共政策大学院附属公共政策学研究センター長・教授。慶應義塾大学大学院法学研究科博士課程単位取得退学。博士（法学）。専門は日中関係史、中国近現代史。著書『対立と共存の歴史認識』（共著、東京大学出版会）、『蔣介石研究』（共著、東方書店）など。

戸部良一（とべ・りょういち）【第9講】
一九四八年生まれ。国際日本文化研究センター名誉教授。防衛大学校名誉教授。京都大学大学院法学研究科博士課程単位取得退学。博士（法学）。専門は日本近現代史。著書『ピース・フィーラー』（ちくま学芸文庫）、『逆説の軍隊』（中公文庫）、『日本陸軍と中国』（ちくま学芸文庫）、『外務省革新派』（中公新書）など。

花田智之（はなだ・ともゆき）【第10講】
一九七七年生まれ。防衛省防衛研究所戦史研究センター主任研究官。北海道大学大学院法学研究科博士課程単位取得退学。博士（法学）。専門はロシア・ソ連軍事史、ロシア帝国論。著書『日露戦争兵器・人物事典』（共著、学研パブリッシング）、『現代ロシアを知るための60章【第2版】』（共著、明石書店）など。

武田知己（たけだ・ともき）【第11講】
一九七〇年生まれ。大東文化大学法学部教授。東京都立大学大学院社会科学研究科博士課程中途退学。博士（政治学）。専門は日本政治外交史。著書『重光葵と戦後政治』（吉川弘文館）、『近代日本のリーダーシップ』（共著、千倉書房）、論文「日本外務省の対外戦略の競合とその帰結　一九三三－一九三八」（『年報日本現代史』一六号）など。

牧野邦昭（まきの・くにあき）【第12講】
一九七七年生まれ。慶應義塾大学経済学部教授。京都大学大学院経済学研究科博士課程修了。博士（経済学）。専門は近代日本経済思想史。著書『新版　戦時下の経済学者』（中公叢書）、『経済学者たちの日米開戦』（新潮選書）など。

森山　優（もりやま・あつし）【第13講】
一九六二年生まれ。静岡県立大学国際関係学部教授。九州大学大学院文学研究科博士課程修了。博士（文学）。専門は日本近現代史。著書『日本はなぜ開戦に踏み切ったか』（新潮選書）、『日米開戦の政治過程』（吉川弘文館）など。

鈴木多聞（すずき・たもん）【第14講】
一九七五年生まれ。京都大学大学院法学研究科／白眉センター特定准教授。東京大学大学院人文社会系研究科博士課程単位取得退学。博士(文学)。専門は日本近代史。著書『「終戦」の政治史　１９４３－１９４５』(東京大学出版会)。

井口治夫（いぐち・はるお）【第15講】
一九六四年生まれ。関西学院大学国際学部国際学科教授。シカゴ大学大学院社会科学研究科博士課程修了。博士（歴史学）。専門は日米関係とアメリカ政治・外交史。著書『鮎川義介と経済的国際主義』（名古屋大学出版会）など。

ちくま新書
1136

昭和史《しょうわし》講義《こうぎ》
――最新研究《さいしんけんきゅう》で見《み》る戦争《せんそう》への道《みち》

二〇一五年七月一〇日　第一刷発行
二〇二五年五月二五日　第九刷発行

編　者　筒井清忠（つつい・きよただ）
発行者　増田健史
発行所　株式会社　筑摩書房
東京都台東区蔵前二-五-三　郵便番号一一一-八七五五
電話番号〇三-五六八七-二六〇一（代表）
装幀者　間村俊一
印刷・製本　三松堂印刷　株式会社

ISBN978-4-480-06844-6 C0221

ちくま新書

983 昭和戦前期の政党政治 ——二大政党制はなぜ挫折したのか 筒井清忠

政友会・民政党の二大政党制はなぜ自壊したのか。軍部台頭の真の原因を探りつつ、大衆政治・劇場型政治が誕生した戦前期に、現代二大政党制の混迷の原型を探る。

957 宮中からみる日本近代史 茶谷誠一

戦前の「宮中」は国家の運営について大きな力を持っていた。各国家機関の思惑から織りなされる政策決定を見直し、大日本帝国のシステムと軌跡を明快に示す。

457 昭和史の決定的瞬間 坂野潤治

日中戦争は軍国主義の後ではなく、改革の途中で始まった。生活改善の要求は、なぜ反戦の意思と結びつかなかったのか。日本の運命を変えた二年間の真相を追う。

948 日本近代史 坂野潤治

この国が革命に成功し、わずか数十年でめざましい近代化を実現しながら、やがて崩壊へと突き進まざるをえなかったのはなぜか。激動の八〇年を通観し、捉えなおす。

650 未完の明治維新 坂野潤治

明治維新は〈富国・強兵・立憲主義・議会論〉の四つの目標が交錯した「武士の革命」だった。それは、どう実現されたのだろうか。史料で読みとく明治維新の新たな実像。

1096 幕末史 佐々木克

日本が大きく揺らいだ激動の幕末。そのとき何が起き、何が変わったのか。黒船来航から明治維新まで、日本の生まれ変わる軌跡をダイナミックに一望する決定版。

1099 日本思想全史 清水正之

外来の宗教や哲学を受け入れ続けてきた日本人。その根底に流れる思想とは何か。古代から現代まで、この国のものの考え方のすべてがわかる、初めての本格的通史。